디자인 트렌드
2017

디자인 트렌드 2017

2016년 12월 5일 초판 1쇄 | 2017년 1월 2일 6쇄 발행

지은이·한국디자인진흥원

펴낸이·김상현, 최세현
책임편집·정상태, 양수인 | 디자인·최윤선

마케팅·권금숙, 김명래, 양봉호, 최의범, 임지윤, 조히라
경영지원·김현우, 강신우 | 해외기획·우정민
펴낸곳·(주)쌤앤파커스 | 출판신고·2006년 9월 25일 제406-2012-000063호
주소·경기도 파주시 회동길 174 파주출판도시
전화·031-960-4800 | 팩스·031-960-4806 | 이메일·info@smpk.kr

ⓒ 한국디자인진흥원(저작권자와 맺은 특약에 따라 검인을 생략합니다)
ISBN 978-89-6570-373-0(03320)

쌤앤파커스(Sam&Parkers)는 독자 여러분의 책에 관한 아이디어와 원고 투고를 설레는 마음으로 기다리고 있
습니다. 책으로 엮기를 원하는 아이디어가 있으신 분은 이메일 book@smpk.kr로 간단한 개요와 취지, 연락처
등을 보내주세요. 머뭇거리지 말고 문을 두드리세요. 길이 열립니다.

'4차 산업혁명'의 스타트라인

디자인 트렌드 2017

한국디자인진흥원 지음

쌤앤파커스

차례 ———————————————————————————

둥근것이
모난것을이긴다

정밀성과 차별적 첨예함의 시대에서
개방성과 유연함의 시대로

2016년 1월 세계경제포럼인 다보스포럼에서 클라우스 슈밥 회장은 '4차 산업혁명'이라는 어젠다를 제시했다. 세계 경제가 저성장(이른바 뉴노멀^{New Normal}), 변동성 확대, 저유가, 글로벌 생산성 저하, 산업경쟁 구도 심화 등의 문제에 직면해 있다고 진단하고, 이에 대한 대안으로 제시한 것이다. 4차 산업혁명이란 디지털, 물리적·생물학적 영역의 경계가 없어지면서 기술이 융합되는 시대적 변화라고 정의할 수 있다. 모든 것의 핵심이 되는 데이터를 중심으로 사람, 기계, 지능, 서비스 같은 현실세계와 가상공간이 연결된 '초연결' 시대가 본격적으로 열리게 되는 것이다.

4차 산업혁명의 스타트라인에 선 현시점에서 세계 각국은 경제 사활을 건 적극적인 대응에 나서고 있다. 미국의 '사물인터넷 중심의 제조업 재건 및 혁신 전략', 독일의 '인더스트리 4.0 전략', 일본의 '로봇 신전략', 중국의 '제조 2025 전략', 한국의 '제조업 스마트 전략' 등이 그것이다. 뿐만 아니라 사물인터넷, 로봇공학, 3D 프린팅, 빅데이터, 인공지능 등의 급속한 발전 양상은 4차 산업혁명이 가져올 미래상을 이미 어느 정도 예견해 보여주고 있다고 해도 과언이 아니다.

4차 산업혁명은 분명 모든 인류와 기업에게 과제이자 기회다. 지금 일어나고 있는 변화에 발맞춰 체질을 변화시키지 못한다면 생존을 보장할 수 없다. 국가와 기업은 물론 수많은 사람들이 미래의 경쟁력을 위해 기술, 정책, 시스템 개선 등의 문제에 사활을 걸 것이다. 이에 우리는 이 책을 통해 4차 산업혁명의 핵심을 이루고 있는 다양한 기술과 현상들 속에서 디자인이 얼마나 큰 영향을 미칠지, 사회와 환경 문제 해결 방식의 하나로서 '디자인적 사고'가 얼마나 절실해질지 다루고자 한다.

전례 없는 획기적 기술 진보 속도와 그 파급력은 지속적인 소득 증가와 삶의 질 향상이라는 측면에서 긍정적 효과를 낼 테지만 다른 한편에서는 사회적 불평등, 빈부 격차 심화, 노동시장 붕괴 같은 부정적 영향도 더욱 심화될 전망이다. 대표적인 예로 세계경제포럼은 향후 5년간 선진국 및 신흥시장 15개국에서 일자리 710만 개가 사라질 것이나, 4차 산업혁명을 통해 창출될 수 있는 일자리는 210만 개에 불과하다고 전망했다.

기회와 위기는 늘 동시에 온다. 지금 우리에게 필요한 것은 기회를 확실히 붙잡기 위해 준비를 철저히 하면서 위기가 될 요소들을 줄여나가려는 고민이다. 디자인은 바로 이런 기회와 위기 사이에서 작동한다.

인터넷, 컴퓨터, IT 기술의 태동과 함께 시작된 3차 산업혁명을 거치면서 디자인은 산업 생태계에서 경쟁 우위를 확보할 수 있는 승부처로서의 가치를 부여받았고, 공급자 중심에서 소비자 중심으로, 기능 중심에서 서비스와 경험 중심으로 확대되었다. 4차 산업혁명이 태동하는 지금, 디자인은 단순히 '직업' 개념이 아니라 하나의 자원, 하나의 역량, 하나의 혁신으로서 기능할 것이다.

지금까지 디자인은 일부 산업에서 특정 결과물의 가치를 증대시키는 포장, 감성적 시각화의 역할(가령 스타일링)에 충실하면서 정밀함과 첨예함의 가치, 즉 모난 지점에서의 역할을 우위에 두었던 것이 사실이다. 하지만 이제 디자인은 친밀함, 편의성, 유연성, 개방성, 지속성 같은 개념, 즉 융합을 상징하는 둥근 가치들을 전면에 부각시키며 제품과 소비자, 경제와 사회 전반에 새로운 품격 가치를 부여하는 최고의 수단으로 자리 잡았다. 디자인은 지속 가능한 발전, 공유경제 활성화 등 기술, 사회, 환경 전반에서 요구하는 총체적 가치를 제공할 것이다. 바로 이것이 4차 산업혁명의 스타트라인에 선 디자인 트렌드의 방향, "모난 것에서 둥근 것으로"가 말하고자 하는 의미이다. 4차 산업혁명은 개방성과 유연성을 추구하는 '둥근 것'이 정밀함과 차별적 첨예함을 추구하는 '모난 것'을 압도하는 시대가 될 것이다.

이제 본격적으로 4차 산업혁명을 준비하는 움직임들이 우리 주변 곳곳에서 벌어질 것이다. 변화하는 산업 환경에서 디자인은 제품, 시각, 환경, 멀티미디어 등 사용자 경험 측면에서의 접근법을 더욱 적극적으로 제시해야 한다. 디자인이 심미적으로 가치 있는 것일 뿐만 아니라 실제로 대상에 내재되어 신뢰 있는 접근 방식부터 안정적이고 편리한 기능에 이르기까지 모든 측면에서 작동하는 것이라는 점을 염두에 두어야 한다.

이 책은 4차 산업혁명에 대비하고자 하는 기업들이 적극적으로 참고하고, 자신들의 새로운 먹거리를 찾아 나서도록 다양한 아이디어를 제시한다. 1장은 왜 디자인과 디자인적 사고가 지금 우리에게 절실히 필요한지 살펴보고, 초연결·초협력 시대에 적극적으로 참고해야 할 디자인 트렌드 키워드를 거시적인 관점에서 조망한다. 2장~4장은 각각 기술, 사회, 환경과 관련해 디자인이 다종다양한 산업들과 어떤 방식으로 융합하며, 어떻게 새로운 부를 창출하고, 인간의 삶을 더 편리하게 만드는지 살펴본다. 또한 각 트렌드 키워드마다 '미래 징후 읽기', '주요 소비자군', '주요 제공 가치', '연관 산업 및 제품군'을 체계적으로 정리해 필요한 내용을 쉽게 찾아볼 수 있도록 했다.

이제 디자인은 선택이 아니라 모든 것의 필수적 요소가 되었다. 제품, 시스템, 사회 제도 등 디자인은 모든 것의 내부에서 작동하며 생산자와 소비자·사용자 사이를 잇는 다리가 된다. 둥근 것이 모난 것을 이기는 시대, 4차 산업혁명의 스타트라인에 서서 저마다 새로운 기회가 펼쳐질 레이스를 준비하는 이들에게 이 책이 좋은 안내서가 되기를 바란다.

한국디자인진흥원
원장 정용빈

CHAPTER
1

4차 산업혁명,
왜 디자인이 이끄는가?

역사상 디자인이
가장 필요한 시대

—

더 이상 경제 성장이 정치적 안정을 보장해주지 않는다. 사회 불평등 해소와 경제 회복 등을
요구하는 중산층들의 '민중의 소리'가 가져다줄 위험성에 주목해야 한다.

세계적 정치경제학자 프랜시스 후쿠야마 Francis Fukuyama 는 자신의 저서 《신
뢰 Trust 》1995 에서 "한 나라의 경쟁력은 그 나라가 고유하게 갖고 있는 신뢰
수준에 따라 결정된다."라고 주장했다. 사실 '신뢰'를 뜻하는 영어 단어
'trust'의 어원은 '편안함'이라는 뜻을 가진 독일어의 'trost'에서 유래한
것이다. 신뢰를 기반으로 한 관계, 즉 편안하고 안정적인 관계를 유지한다
면 국가나 사회 그리고 기업은 여러 측면에서 좀 더 상대적으로 높은 경
쟁력을 유지할 수 있다. 불신과 불안이 가득한 상황에서 생길지도 모르는
문제들을 사전에 방지하기 위한 유무형의 비용을 절약할 수 있기 때문이
다. 꼭 사회적, 국가적 비용 문제를 들지 않더라도 신뢰 수준이 높은 사회
일수록 집단과 구성원 간의 소통이나 타협의 과정이 수월할 것이라고 섭

게 예측할 수 있다.

우리가 디자인을 말하기 전에 신뢰, 소통, 타협이라는 문제에서 시작해야 하는 까닭은 분명하다. 여전히 많은 사람들이 '디자인'을 떠올릴 때 '사물의 외관을 보기 좋게 치장하는 것' 이상을 생각하지 않기 때문이다. 이런 생각이 뿌리 깊이 자리 잡게 된 이면에는 실제로 디자인이 특정 산업분야의 첨예한 지점 끝에서 소극적인 역할만을 담당해오고 있었던 현실이 어느 정도 반영된 것이기도 하다.

하지만 디자인은 기술, 사회, 환경 등 우리 삶과 밀접한 부문들에서 불편함을 해소하고 문제 해결의 실마리를 제공하려고 끊임없이 노력해왔다. 기술력의 폭발과 더불어 그 이면에서 발생하는 다양한 문제들이 디자인적 사고와 실행으로 해법을 찾았다. 결국 디자인이 왜 이러저러한 방식으로 반드시 필요한 것인지 이해하기 위해서는 사회적으로 어떤 이슈가있는지 넓은 시각으로 조망해야 하는 것이다.

최근 우리나라뿐만 아니라 세계 여러 나라들에서 발생하는 사건, 사고들을 살펴보면 그 중심에 불신과 불안과 갈등이 자리 잡고 있음을 알 수있다. 이런 현상은 세계 여러 나라에서도 동일하게 나타나고 있으며, 국제사회의 다원화와 초국가적 기구의 영향력이 증대되는 세계화 추세에 큰걸림돌이 되고 있다. 인공지능, 새로운 IT 기기, 일자리, 주식, 환율 등 수많은 이슈들이 피부에 와 닿을 정도지만, 이런 모든 이슈들을 좀 더 거시적인 차원에서 이해할 필요가 있다.

하버드 경영대학원의 마이클 포터Michael Porter 교수는 지금 우리 사회가다양한 측면에서 불평등 문제를 겪고 있으며, 이것이 수많은 위기를 촉발하고, 사회 구성원과 시스템에 대한 신뢰 관계를 무너뜨려 성장과 화합의 가장 큰 걸림돌이 되어가고 있다고 주장했다. 우리 사회에서 불평등 문제가 두드러지게 나타나는 네 가지 거시적 측면은 다음과 같다.

1% vs 99%: 민주주의의 토대를 뒤흔들다

2015년 다보스포럼에서 선정한 글로벌 10대 의제 가운데 1위를 차지한 것이 '소득 불평등 심화'다. 2014년 2위에서 한 계단 순위가 올라 가장 큰 과제로 떠오른 것이다. 소득 불평등 문제는 이미 오래전부터 부각되어온 탓에 새삼스러울 것 없어 보이기도 하지만 최근 글로벌 위기를 잇달아 겪으며 가장 뜨겁게 부각된 이슈이기도 하다. 크레디트스위스 Credit Suisse 가 발행한 《글로벌 웰스 리포트 Global Wealth Report 》에 따르면 전 세계 인구 중 상위 0.7%가 전 세계 부富의 41%를 차지하는 것으로 나타났다. 반대로 하위 68.7%가 보유한 부는 단 3%에 불과하다.

2011년 9월 17일 미국 월스트리트에서는 '월가를 점령하라 Occupy Wall Street' 라는 구호 아래 대규모 시위가 일어났다. 2008년 리먼 브러더스 Lehman Brothers 파산으로 일자리를 잃은 미국 시민이 워싱턴 정가와 금융권의 유착을 규탄하는 시위였다. 시민들은 "상위 1%의 부자가 99%의 민중을 강탈하고 있다"며 사회 불평등 해소를 요구했다. 시위는 전 세계로 확산되었고, 지금까지도 99%에 대한 불평등 인식이 강하게 자리 잡아 언제 또다시 갈등이 증폭할지 불안한 상황이다.

　　다보스포럼에서는 "더 이상 경제 성장이 정치적 안정을 보장해주지 않는다"며 "사회 불평등 해소와 경제 회복 등을 요구하는 중산층들의 '민중의 소리'가 가져다줄 위험성에 주목하라"고 강조했다. 소득 불평등이 전 세계를 짓누르는 이유는 실업·빈부 격차는 물론 정치적 불안정, 국가 간 분쟁, 환경오염 같은 세계적인 이슈가 모두 소득 불평등과 떼려야 뗄 수 없는 관계이기 때문이다. 경제 성장과 사회적 통합을 가로막는 가장 큰 걸림돌 역시 소득 불평등이다. 아미나 모하메드 Amina Mohammed 유엔 사무총장 특별자문관은 "소득 불평등은 민주주의의 토대를 허물고 지속 가능한 사회, 평화로운 사회에 대한 희망마저 뒤흔들 수 있다."라고 경고하기도 했다.

기술을 가진 자,
기술을 갖지 못한 자

　　　　　불평등은 하이테크 시대에 기술 부문에서도 가장 큰 이슈 중 하나로 부상했다. 지난 2014년부터 2015년까지 〈이코노미스트〉, 〈MIT 테크놀로지 리뷰〉, 〈뉴욕타임스〉에서는 모두 기술 발전이 야기하는 불평등 문제를 주요 이슈로 다루었다.

　　〈이코노미스트〉는 '제3의 거대한 물결The third great wave'이라는 제목으로 무인 자동차와 드론, 자동 번역 기술, 모바일을 이용한 원격 진료, 원격 교육 기술 등을 사례로 들면서 디지털 혁명이 기술을 '가진 자'와 '갖지 못한 자' 간의 양극화를 심화하고 일자리를 감소시키는 요인으로 작용할 수 있

실리콘밸리에 부가 축적되는 것과
는 별개로 시간당 16달러 미만을 버
는 사람들이 여전히 많고, 실리콘밸
리 남부 주민의 19%가 빈곤층에 속
한다.

다는 내용을 담았다. 18~19세기 1, 2차 산업혁명은 고통이 따랐음에도 결
과적으로 모든 사람을 이롭게 했지만 제3의 디지털 혁명은 그렇지 않은
방향으로 나아가고 있음을 경고한 것이다.

〈MIT 테크놀로지 리뷰〉는 '기술과 불평등Technology and Inequality'이라는 제목
으로 IT 분야의 대표적인 도시로 손꼽히는 미국 실리콘밸리의 양극화 현
상을 예로 들며 문제를 제기했다. 실리콘밸리에 부가 축적되는 것과는 별
개로 시간당 16달러 미만을 버는 사람들이 여전히 많고, 실리콘밸리 남부
주민의 19%가 빈곤층에 속한다는 것이다. 기사에 따르면 실리콘밸리에
사는 사람 중 20~25%가 하이테크 영역에 종사하고 있으며, 대부분의 부
가 그들에게 집중되는 것으로 나타났다.

〈뉴욕타임스〉는 과학Science, 기술Technology, 공학Engineering 수학Mathematics의 알파벳 첫 글자를 딴 이른바 '스템STEM' 분야가 미국 사회의 새로운 인종차별이나 남녀 불평등을 초래하는 진원지가 될 것이라는 우려를 제기했다. 이 네 가지 분야의 직업은 다른 분야에 비해 평균 연봉이 높고 일자리 증가 속도도 더 빠르지만 전공자나 종사자들이 백인 남성에 집중돼 있기 때문이다.

전미과학재단의 자료에 따르면 미국 내 과학자와 공학자를 인종과 성별로 분류한 결과 백인 남성이 51%로 절반이 넘으며, 백인 여성20%, 아시안 남성12%, 아시안 여성5%, 히스패닉 남성4%, 흑인 남성3%, 히스패닉과 흑인 여성각각 2% 순으로 나타났다.

환경이 빈곤 지역만의 문제인가?

엄밀히 말해서 기후 변화는 전 세계 모든 사람들에게 위협을 가하는 이슈다. 그러나 기후 변화에 따른 해수면 상승, 온난화, 예측 불가능한 자연재해 등의 피해는 빈곤 국가와 낙후한 지역에서 더 두드러지게 나타난다. 실제로 40%의 빈곤 국가에서 환경 문제가 더욱 심각해질 것이라는 전망들이 쏟아지고 있다. 전 세계가 기후 변화의 위험에 노출되어 있지만 특히 1차 산업에 의존하는 개발도상국의 경우, 인구 대부분이 농촌 지역에 살고 있으며, 1차 산업을 주요 경제 활동원으로 하고 있다. 그렇기 때문에 자연은 그들의 삶 자체이며, 삶을 유지해나가는

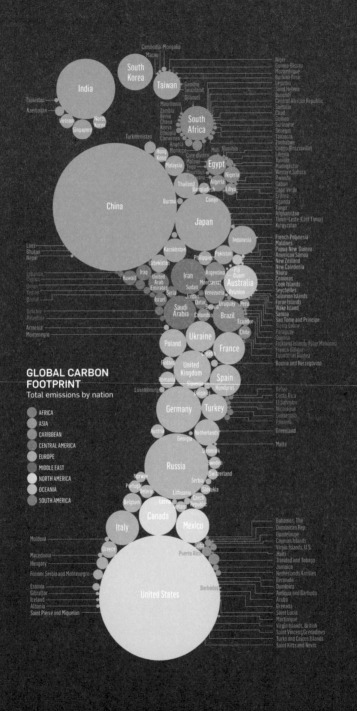

GLOBAL CARBON
FOOTPRINT
Total emissions by nation

- AFRICA
- ASIA
- CARIBBEAN
- CENTRAL AMERICA
- EUROPE
- MIDDLE EAST
- NORTH AMERICA
- OCEANIA
- SOUTH AMERICA

India
South Korea
Taiwan
Cambodia Mongolia
Macau
Gambia
Swaziland
Djibouti
Mauritania
Zambia
Benin
Ghana
Kenya
Ethiopia
Cameroon
Angola
Morocco
South Africa
Niger
Guinea-Bissau
Mozambique
Burkina Faso
Lesotho
Saint Helena
Burundi
Central African Republic
Somalia
Chad
Guinea
Suriname
Senegal
Tanzania
Zimbabwe
Congo (Brazzaville)
Liberia
Tunisia
Madagascar
Western Sahara
Rwanda
Gabon
Cape Verde
Eritrea
Uganda
Tonga
Afghanistan
Timor-Leste (East Timor)
Kyrgyzstan

Tajikistan
Azerbaijan
Vietnam
North Korea
Singapore

China
Japan
Egypt
Nigeria
Algeria
Libya
Congo

Mali Namibia
Cote d'Ivoire
Malawi
Togo
Mauritius
Thailand
Bangladesh

Hong Kong
Malaysia

Turkmenistan

Burma

Laos
Bhutan
Nepal

Kazakhstan

Uzbekistan

Indonesia

French Polynesia
Maldives
Papua New Guinea
American Samoa
New Zealand
New Caledonia
Nauru
Comoros
Cook Islands
Seychelles
Solomon Islands
Faroe Islands
Wake Island
Samoa
Sao Tome and Principe
Sierra Leone
Paraguay
Guyana
Falkland Islands (Islas Malvinas)
French Guiana
Equatorial Guinea
Bosnia and Herzegovina

Philippines
Pakistan

Iraq
Kuwait
United Arab Emirates

Lebanon
Cyprus
Oman
Yemen
Brunei

Bahrain
Palestine

Armenia
Montenegro

Iran
Sudan
Syria
Israel
Jordan
Qatar

Argentina
Montserrat
Venezuela
Bolivia
Colombia

Fiji Guam
Reunion
Uruguay Peru

Australia

Saudi Arabia

Brazil
Ecuador
Chile

Ukraine
Poland

Libya

France

United Kingdom
Finland
Romania
Slovenia

Spain
Honduras

Luxembourg

Bulgaria

Belize
Costa Rica
El Salvador
Nicaragua
Guatemala
Panama

Greenland

Germany
Turkey

Austria
Georgia
Netherlands

Malta

Denmark
Sweden
Switzerland
Serbia
Slovakia

Russia

Norway
Portugal
Belarus
Belgium
Latvia
Ireland
Lithuania
Czech Republic

Italy
Canada
Mexico

Cuba
Puerto Rico

United States

Barbados

Moldova
Greece

Macedonia
Hungary
Former Serbia and Montenegro
Estonia
Gibraltar
Iceland
Albania
Saint Pierre and Miquelon

Bahamas, The
Dominican Rep.
Guadeloupe
Cayman Islands
Virgin Islands, U.S.
Haiti
Trinidad and Tobago
Jamaica
Netherlands Antilles
Bermuda
Dominica
Antigua and Barbuda
Aruba
Grenada
Saint Lucia
Martinique
Virgin Islands, British
Saint Vincent/Grenadines
Turks and Caicos Islands
Saint Kitts and Nevis

데 가장 중요한 요소다. 기후 변화는 이들의 삶의 터전을 빼앗고 생계를 이어갈 수 없게 만드는 것이다. 한마디로 악순환이다.

유엔기후변화협약UNFCCC 의 17차 더반 회의에서 협의한 '글로벌 기후와 건강의 공조The Global Climate and Health Alliance '에서는 지역에 따른 기후 변화의 위험성 및 대응 전략을 인포그래픽으로 제작해 발표했다. 그 내용은 다음과 같다.

첫째, 해수면 상승Sea Level Rise:SLR 및 태풍 같은 위험에 노출된 해안가 지역, 특히 동남아시아의 주요한 쌀 생산지인 메콩삼각주 지역은 현재 추세로 온도가 상승한다면 2070년쯤에는 해수면이 33cm가량 높아져 이 지역의 60%가 침수될 가능성이 높다.

둘째, 소말리아와 에티오피아의 경우, 1970년대 가뭄으로 인한 대기근 이후에도 여전히 식량 문제와 영양실조로 인한 어려움을 겪고 있는데, 기후 변화에 따른 폭염의 증가와 심각한 가뭄으로 기근 발생 빈도가 높아져 식량 생산의 감소와 영양실조와 관련한 빈곤 문제가 더욱 심각해질 것으로 전망한다. 또 물 부족 현상으로 물과 관련한 질병 발생 가능성이 증대되어 지역 주민들의 건강을 악화시킬 가능성도 제기된다.

전문 연구 인력을 갖춘 세계은행과 유엔기후변화협약은 최근 민간 재원과 협력해 재생 가능한 청정에너지 개발을 위해 투자하고, 협력을 통한 다양한 활동을 추진하고 있다. 또 개발도상국에 기후 변화 관련 기술을 이전하고, 적응 전략을 위한 재원을 모으는 등 공동의 노력을 기울이고 있는 실정이다.

KPMG인터내셔널의 《2030 미래전망 보고서》에 따르면, 2030년 세계 인구의 60%는 도시에 살게 될 것이며, 향후 20년 안에 도시 성장의 80%가 아시아와 아프리카 지역에서 발생한다.

도시 빈민의 우울한 탄생

　　　　　　　도시 인구 과밀화 현상은 이미 오래전부터 제기되어온 심각한 이슈다. 뉴욕, 도쿄, 뉴델리, 상하이, 멕시코시티, 상파울루 등 인구 1000만 명 이상인 '메가시티 Mega City '에 몰려드는 사람들 때문에 도시 인구가 향후 30년간 25억 명이 늘어 2045년에 이르면 60억 명 이상이 될 것으로 예상된다. 세계적인 종합 회계·재무·자문 그룹 KPMG인터내셔널이 발간한 《2030 미래전망 보고서》에 따르면, 2030년 세계 인구의 60%는 도시에 살게 될 것이며, 향후 20년 안에 도시 성장

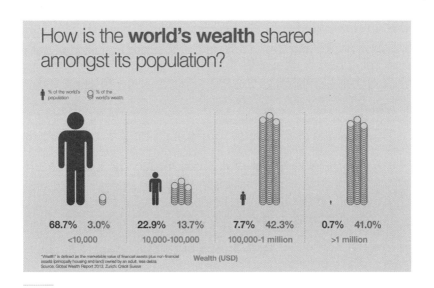

세계의 부는 어떻게 분배되는가? 크레디트스위스의 《글로벌 웰스 리포트》에 따르면 전 세계 인구 중 상위 0.7%가 전 세계 부의 41%를 차지하는 것으로 나타났다. 반대로 하위 68.7%가 보유한 부는 단 3%에 불과하다.

의 80%가 아시아와 아프리카 지역에서 발생할 것이라고 한다. 유엔사회경제국DESA도 인도와 중국, 나이지리아는 30년 동안 인구가 37% 늘어나며, 2050년까지 인도의 도시 인구는 4억 400만 명, 중국은 2억 9200만 명, 나이지리아는 2억 1200만 명 늘어날 것이라고 발표했다.

도시 인구의 폭발적 증가는 단순한 문제가 아니다. 이는 교육, 보건, 주택, 인프라, 운송, 에너지, 고용, 복지 등의 문제와 직결되기 때문에 사회문제의 주요 쟁점이 된다. 유엔사회경제국은 도시 지역 관리가 21세기 개발에서 중요한 문제 중 하나가 되고 있다며, 정부가 지속적인 도시 인구

유입에 따른 대책을 세우지 않는다면 무질서와 빈민으로 가득 차서 살기 불편한 도시가 될 것이라고 강조했다. 도시의 경제적인 성장도 중요하지만 그 성장이 지역의 균등한 발전으로 이어지는 것이 무엇보다 중요해지는 것이다.

지금까지의 성장 중심 도시화는 '도시 불평등'이라는 문제를 낳았다. 미국 브루킹스 연구소가 발표한 연구 결과에 따르면, 미국의 50개 대도시에서 상위 5%의 소득이 하위 20%의 소득보다 11배가 많았는데 이는 미국 전체를 대상으로 했을 때의 결과인 9배보다 큰 차이다. 심지어 샌프란시스코나 보스턴 같은 도시에서는 상위 5%와 하위 20%의 소득 격차가 15~16배나 되었다.

선진국의 도시들은 문제점을 인식하고 지속 가능한 대안을 모색 중이다. 문제는 미래에 메가시티로 부상할 아시아 지역과 개발도상국들의 도시화가 과거 선진국의 선례를 되풀이할지도 모른다는 데 있다.

불편한 것들과의
끝나지 않는 싸움

필립 코틀러^{Philip Kotler} 는 《마켓 3.0》에서 '가치 주도 시대'로 변화하는 시점에 더 나은 세상을 만들어나가는 것이 기업의 목표가 되어야 한다고 언급했다. 코틀러의 주장을 간략하게 요약하면 다음과 같다.

마켓 1.0 시대는 기계화와 대량 생산으로 제품을 표준화하고 가격을 낮춰 불특정 다수에게 판매하는 '제품 중심의 시대'였다. 마켓 2.0 시대는 정보화의 영향으로 소비자가 유사 상품을 비교하고 선택하기 때문에 소비자의 필요와 욕구를 알아서 챙겨주며 고객의 이성과 감성을 모두 감동시키는 '소비자 지향 시대'였다. 이제 마켓 3.0 시대를 살아가는 소비자는 사회, 경제, 환경 등 총체적인 차원에서 더 나은 세상으로 변화하기를 갈망한다. 그리고 소비자는 자연스럽게 이런 가치를 실현하는 기업을 선택하

목표	마켓 1.0	마켓 2.0	마켓 3.0
	제품 중심, 제품 판매	소비자 지향 고객만족 & 고객보유	가치 주도, 더 나은 세상 만들기
사례	색상이 하나뿐인 포드T형 자동차	다양한 색상의 GM 쉐보레	자율 주행 자동차

물질적 만족
Material-based Approach

정신적 만족
Contact-based Approach

관계적 만족
Relationship-based Approach

바우하우스를 중심으로 한
기능성/생산성 중심 디자인
Form Follows Function

감성 디자인 Emotional Design
심미적 디자인 Aesthetic Design
직관적 디자인 Intuitive Design

유저 인터페이스 디자인
User Interface Design

사용자 경험 디자인
User Experience Design

서비스 디자인
Service Design

인체공학적 디자인
Human Factor, Ergonomics

유니버설 디자인
Universal Design

그린 디자인
Green Design

지속 가능한 디자인
Sustainable Design

사회공헌 디자인
Philanthropy Design

기능주의 시대

감성 시대

사회적 시대

게 된다. 기업은 이성과 감성을 넘어 영혼까지 감동시키는 마케팅을 해야
한다. 마켓 3.0 시대는 소비자 중심 시대이기도 하며, 기업은 소비자와 협
력하고 세계화의 모순과 지역사회 문제에 대한 관심을 바탕으로 창의적
인 프로젝트를 실행해야 한다.

　일반적으로 많은 사람들이 디자인이라고 생각하는 영역 내부에서도 소

셜 디자인 Social Design 이나 사회공헌 디자인 Philanthropic Design 에 대한 논의가 점차 늘어나고 있다. 카이스트 산업디자인학과 배상민 교수는 디자인 패러다임의 변화와 사회공헌 디자인에 대해서 다음과 같이 설명한다.

"신자본주의 병폐로 드러난 지나친 경쟁과 양극화로 고통받는 우리 사회에 사회적 가치와 경제적 가치를 혼합한 새로운 혼합 가치 blended Value 의 시대가 오고 있으며 요구되고 있다. 이 혼합 가치란 스탠퍼드 대학의 에머슨 박사가 언급한 사회적 가치와 경제적 가치가 융합된 혼합 가치 경제로 신자본주의 경쟁과 개발, 이윤 추구로 강조되어 경제적 가치와 공공의 이익과 나눔의 사회적 가치 그리고 우리 인류의 미래를 위한 환경적 가치를 모두 포함한다." '이질적 가치들의 융합, 사회공헌 디자인', 타이포그래피 서울 웹사이트에서 인용 즉, 앞으로 다가올 경제적·사회적·환경적 가치가 조화를 이루는 시대에는 이러한 가치들이 공존할 수 있는 새로운 디자인 전략이 필요하다는 것이다.

집단 지성이
세계를 움직인다

국내 시장에 국한된 기업은 이제 살아남을 수 없다. 이미 많은 기업의 사업 범위가 글로벌 단위로 확산되었다. 특히 IT, 네트워크 서비스 분야 같은 경우 시공간의 제약을 받지 않고 언제 어디서나 접근할 수 있는 특성을 바탕으로 확산 범위와 속도를 점점 더 광범위하고 빠르게 변화시키고 있다.

이런 장점을 앞세워 해외로 사업 영역을 확장하고자 할 때 반드시 고려해야 할 것이 현지의 사회문화적 환경과 소비의 특성이다. 사회적 가치와 경제적 가치가 혼합되어야 하는 오늘날의 경영 환경에서 모든 기업은 글로벌 차원의 더 나은 세상을 위한 가치 제공뿐만 아니라 해당 국가의 지역사회 문제에도 깊은 관심을 가져야 한다. 진출하려는 나라나 지역이 직면한 문제들을 피하려고만 한다면 되돌아오는 것은 지역 주민들의 불신과 거부감밖에 없을 것이다.

실제로 수많은 글로벌 시민 단체들은 인터넷을 활용해 다양한 사회적·환경적 문제들을 세계 시민과 함께 고민하고 대안을 모색해왔다. 이제 기업들도 지역사회나 세계가 직면한 다양한 문제에 대해 소비자들과 머리를 맞대고 집단 지성을 통해 고민하고 해결 방안을 모색해야 한다. 이때 중요한 것은 기업과 브랜드가 보유한 기술력과 자본력을 더해 이 대안들을 실행할 수 있도록 디자인적 사고를 더하는 것이다. 이는 기업 불신 시대에 기업과 소비자 사이에 강한 연대감을 구축해주고, 지속 가능한 신뢰감을 형성하는 데 커다란 영향을 미칠 것이다.

대표적인 사례로 구글 임팩트 챌린지Google Impact Challenge 를 들 수 있다. 구글 임팩트 챌린지는 영국의 비영리 단체와 협업하여 구글이 보유한 기술을 활용해 전 세계 지역이 갖고 있는 문제들을 해결하기 위해 2014년에 시작된 프로젝트다. 구글 홈페이지에 따르면 "구글 임팩트 챌린지는 '더 나은 세상, 더 빠르게A BETTER WORLD, FASTER '라는 비전 아래 기술을 활용하거나 새롭고 창의적인 방식으로 사회 문제를 해결하고자 하는 비영리 단체를 지원하는 프로그램으로, 비영리 단체들이 재원 부족으로 쉽게 접근하지 못했던 대범한 아이디어들을 시도해 더 빠르고 폭넓은 사회 혁신과 변

구글 임팩트 챌린지는 비영리 단체들이 재원 부족으로 쉽게 접근하지 못했던 대범한 아이디어들을 시도해 더 빠르고 폭넓은 사회 혁신과 변화를 이끌어내도록 돕는다.

화를 이끌어내도록 돕는 것이 목표다."

모기가 옮기는 질병을 해결하기 위해 크라우드소싱crowdsourcing 데이터와 모기를 추적하는 음향 사운드 기술을 활용하고, 젊은 노숙자가 길거리 생활에서 벗어날 수 있도록 도와주는 프로젝트, 청년의 정신 건강을 향상시키는 디지털 게임, 사회 복지를 관리할 수 있는 앱 등 다양한 프로젝트가 구글의 지원으로 실행되었다. 기업이 가지고 있는 원천 기술을 활용해 지구촌 복지로 환원하고자 하는 프로젝트인 셈이다. 또한 구글이 사회적 기업으로서 책임을 다할 뿐만 아니라 집단 지성을 활용해 문제를 해결하려는 움직임으로 볼 수 있다.

디자인이 도시 불평등을 해결할 수 있을까?

1931년 이탈리아에서 태어나 20세기 모더니즘 그래픽 디자인을 주도한 마시모 비넬리 Massimo Vignelli 는 "디자이너의 인생은 추한 것과의 전쟁이다. The life of a designer is a life of fight: Fight against the ugliness."라고 말했다. "디자인은 좀 더 나은 세상을 만드는 것이며 디자인의 궁극적 목표는 우리 주위의 모든 것을 좀 더 나은 질로 끌어올리는 것이다."라는 비넬리의 디자인 철학과 부합하는 관점이다. 비넬리가 말한 '추한 것 ugliness'은 어딘가 문제를 품은, 그래서 개선의 여지가 있는 모든 부분을 의미한다. 결과적으로 오늘날 디자인은 삶에 관여하는 모든 부분에서 미흡하거나 개선의 여지가 있을 때 적극적으로 관여하는 최선의 도구다.

이제는 어떤 문제를 새롭게 바라보고, 새로운 대안을 모색하는 '디자인 씽킹 Design Thinking'을 디자이너뿐만 아니라 기획자, 엔지니어, 마케터 등 다양한 사람들에게 요구하고 있다. 이것이 곧 서비스 디자인의 목적이자 기본 과제다. 그렇다면 세계가 직면하고 있는 불평등 문제를 어떻게 디자인적 사고로 접근해서 풀어나갈 수 있을까? 대표적인 사례로 도시 불평등 문제를 들어보자.

도시 불평등은 도시의 경제적 성장과 사회적 성장의 균형을 잡지 못한

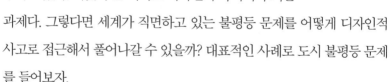

도시 불평등 문제를 해결하려면 낙후된 지역민들의 삶의 질을 장기적으로 개선할 수 있도록 하는 심도 깊은 정책적 접근법이 필요하다.

데서 불거진 문제다. 이를 해결하기 위해서는 지역이 가진 환경의 특수성을 명확히 이해한 뒤 지속 가능한 가치들이 원활하게 작동하게 만드는 성장 계획을 수립해야 한다. 이때 반드시 고려해야 할 것은 기존의 불균형 정책으로 낙후된 지역민들의 삶의 질을 장기적으로 개선할 수 있도록 하

뉴욕 현대미술관이 시작한 '고르지 못한 프로젝트'는 메
가시티 어바니즘에 대해 고찰하고 미리 예방할 수 있도
록 영감을 제시했다.

는 심도 깊은 정책적 접근법이다.

　2014년 뉴욕 현대미술관^{MoMA}은 "어떻게 도시를 계획해 모두가 살기 좋
은 곳으로 만들 수 있을까"에 대한 질문의 해답을 찾기 위해 '불평등한 성
장^{Uneven Growth}' 프로젝트를 시작했다. 도시 계획자 및 건축가 6개 팀이 14개
월 동안 뉴욕, 리우데자네이루, 뭄바이, 라고스, 홍콩, 이스탄불 6개 메가
시티에 대한 도시 계획을 진행해 2050년도의 모습을 그려내는 것이다. 이

도시들은 현재 인구가 급격하게 늘어나 급성장 중인 도시다. 각 팀은 도시별로 지역이나 주민들의 특징을 파악하고 다양한 관점으로 이에 대응하는 도시 콘셉트 디자인을 제안했다.

예를 들어 아프리카의 도시 라고스의 경우 현재는 강가에 빈민가가 형성되어 있지만 해상 무역 도시로 부흥했던 베니스처럼 해상 교통과 함께 이를 활용한 경제 지역으로 발전할 수 있도록 계획하는 것이다. 홍콩도 인구가 빠르게 성장하고 있지만 바다로 둘러싸인 도시라는 특성을 활용해 바다에 폐기물로 만든 섬 8개를 만들어 각기 다른 부문의 경제 활성화를 이루는 지역으로 만드는 계획이 세워졌다. 가까운 미래에 글로벌 문제로 부상하게 될 메가시티 어바니즘urbanism, 도시화에 대해 고찰하고 예방할 수 있도록 영감을 제시하는 프로젝트라고 할 수 있다.

▎디자인, 교육 불평등을 해결하는 '마술'

경제적 불평등이라는 악순환의 고리를 어떻게 끊을 수 있을까? 최근 영향력 있는 국내외 교육 관련 기관들은 평등한 교육의 기회를 제공하는 것이야말로 경제적 불평등을 해결하고 상생의 돌파구가 될 것이라는 진단을 내놓고 있다. 하이테크를 중심으로 세계 경제의 무대가 시시각각 바뀌고 있는 시대에 기술을 활용한 교육 기회의 평등은 커다란 화두가 될 전망이다. 좀 더 사회적인 관점으로 기술을 적용하고, 좀 더 많은 사람이 기술을 활용해 교육을 받고, 일할 수 있도록 해주는

필리핀의 스마트 텍스트북은 낙후된 모바일 환경을 교육 문제 개선책으로 연결시킨 중요한 사례다.

대안이 필요하다.

대표적인 사례로 필리핀의 이동통신 회사 스마트 커뮤니케이션Smart Communications 과 광고 회사 DM9제이미사이푸DM9JaymeSyfu 가 함께 진행한 캠페인을 들 수 있다. 이들은 구형 피처폰을 가지고 있는 국민이 훨씬 많은 필리핀의 낙후된 모바일 환경을 어떻게 활용할 수 있을지 고민한 끝에 교육 문제로 시선을 집중했다.

매일 무거운 교과서를 가방에 잔뜩 넣고 등교하는 학생들의 지친 모습에서 힌트를 얻은 것이 시작이었다. 그런 다음 6개월간의 연구개발 끝에

마우리시오 밀러의 '가정 경제 자립' 프로그램 소개 영상 캡처. 이 프로그램으로 가계 수입 23% 증가, 저축률 240% 증가, 어린이의 70%가 성적 향상을 경험했다.

과목별 교과 내용을 압축, 저장한 뒤 구형 피처폰에서도 작동하는 심카드를 개발했다. 이를 활용해 수업 시간마다 학생들에게 심카드를 나눠주고 피처폰에 꽂아 수업을 진행했다. 이 프로젝트는 '스마트 텍스트북Smart TXTBKS'이라는 이름으로 2013년 칸 국제광고제에도 출품되어 모바일 부문 그랑프리를 수상했다.

기술의 발전은 저소득층의 삶의 질 개선과 일자리 마련에도 기여할 수 있다. 캘리포니아의 사회 혁신가 마우리시오 밀러Mauricio Miller가 설립한 '가정 경제 자립Family Independence Initiative' 프로그램은 저소득층 가족 구성원 개개인의 생활 패턴과 습관을 빅데이터화해 분석한 뒤 좀 더 생산적인 대안을 제시해준다. 개인이 각자의 삶에서 작은 목표를 세우고 발전적으로 실천

하고 관리할 수 있도록 도와주는 것이다. 예를 들어 참가자 가족들과 데이터 수집에 대한 협정을 맺고, 아이의 성적을 올리기 위한 학업 설계나 아빠의 신용 등급을 올리기 위한 저축 설계 등 작은 목표들을 설정한다. 이와 함께 진행 상황에 대한 데이터를 기반으로 전문가의 조언과 논의가 진행되고, 해당 가족과 유사한 생활 목표를 실행하는 그룹들과 직접 만나 경험을 공유할 수 있도록 하는 것이다.

이 프로젝트는 보스턴과 샌프란시스코에서 실행되었는데, 2년 동안 참가한 가계의 수입은 23% 증가하고 저축률은 240% 증가했다. 또한 샌프란시스코 지역의 참가 어린이의 70% 이상이 성적이 향상됐으며, 참가 가족의 30%가 경기 침체에 대비한 부업 자리를 마련했다.

몇 가지 사례를 통해 살펴본 것처럼 디자인적 사고는 우리가 처해 있는 여러 문제들을 해결하는 데 합리적이고 유용한 방향을 제시해준다. 앞으로도 디자인은 다양한 방면에서 다양한 방식으로 우리 삶의 질을 좀 더 윤택하게 만들어줄 것이다. 이 책에서 앞으로 소개할 전 세계의 수많은 사례들은 침체되어 있는 우리 사회 전반에 활력을 불어넣어 주는 디자인적 사고의 토대를 제공해줄 것이다.

디자인, 더 나은 사회로 가는 길

무엇이 위기를 불러오는가?

세계화 시대 갈등의 기원, 불평등 THE EXTREMES OF INEQUALITY

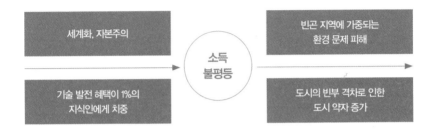

대안은 무엇인가?

'고高신뢰 사회'로의 움직임 FOR HIGH TRUST SOCIETY

어떻게 해야 하는가?

더 나은 세상을 위한 가치 제공 BECOME TRULY SOCIAL

4차 산업혁명,
디자인이 이끈다

초연결, 초협력 시대에 성장할 가능성이 가장 높고 급격한 변화가 감지되는 6가지 산업을 통해 우리는 디자인이 어떤 역할을 할 수 있고, 또 해야만 하는지 확실한 힌트를 얻을 수 있을 것이다.

스마트폰과 IT 기술의 급격한 발전은 짧은 시간 내에 커다란 변화를 가져다주었다. 이제 시장과 소비자는 스마트폰 이후에 다가올 새로운 기회를 탐색하면서 다음에 올 변화를 나름의 방식대로 예측한다. 스마트폰 이후 새로운 먹거리를 찾고 있던 IT 사업자들은 주저 없이 사물인터넷을 차세대 성장 동력으로 내세우고 있다. 미국의 다국적 IT 기업 시스코^{Cisco}는 네트워크에 연결된 사물의 개수가 2014년 144억 개에서 2020년 501억 개로 약 3.5배 증가할 것으로 전망한다. 개수로만 보면 엄청난 숫자지만 전체 사물들의 개수와 비교해보면 사물인터넷 보급률은 2020년 2.7%로, 불과 3% 미만인 상황이다. 즉 아무리 사물인터넷 제품 출시가 급물살을 타고 있어도 지금 시장에 출시된 제품은 극히 일부에 불과하고, 우리 주변

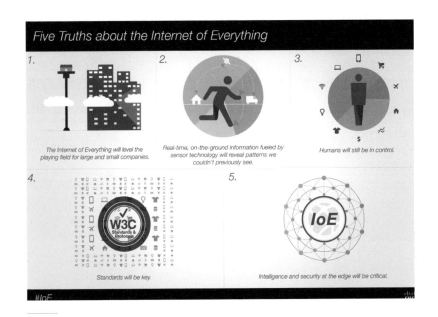

사물인터넷에 관한 5가지 진실. ① 기업 간 격차를 무너
뜨리고 ② 센서 기술로 실시간 정보를 얻고 ③ 사람의 통
제 하에 있으며 ④ 표준화 ⑤ 지능과 보안이 중요해진다.

사물들의 99% 이상은 여전히 미연결 상태로 존재한다는 것이다.

이처럼 초연결 시대의 상징처럼 여겨지고 있는 사물인터넷을 둘러싸고

낙관적인 전망과 우려의 목소리가 쏟
아지고 있긴 하지만 사물인터넷이 인
간의 삶을 둘러싼 환경과 사물들을
모두 컴퓨터화하고 센서 기능을 갖추
게 하여 사람과 사람, 사물과 사람을
넘어서서 사물과 사물, 사물과 공간

> 1999년 사물인터넷 Internet of Things 개념을 처
> 음 도입한 것으로 알려진 MIT의 케빈 애슈턴
> Kevin Ashton 은 초기의 사물인터넷을 '인간과 사
> 물, 서비스 3가지의 분산된 환경 요소에 대해
> 인간의 명시적 개입 없이 상호 협력적으로 센
> 싱, 네트워킹, 정보처리 등 지능적 관계를 형성
> 하는 사물 공간 연결망'이라고 정의했다.

이 서로 소통하는 경계 없는 미래를 만들어낼 것이라는 데에는 의심의 여지가 없어 보인다.

이번 장에서는 초연결, 초협력 시대에 성장할 가능성이 가장 높고 급격한 변화가 감지되는 6가지 산업에 대해 살펴보려고 한다. 아래 제시하는 각 부문들에서 '디자인'이 어떤 역할을 할 수 있고, 또 해야만 하는지 확실한 힌트를 얻을 수 있을 것이다.

트렌드 1
스마트 에너지

글로벌 컨설팅 기업 KPMG는 '자원 스트레스 Resource Stress'를 2030년 글로벌 메가트렌드 중 한 가지로 꼽았다.

전 세계 중산층 인구는 2010년 6억 9000만 명에서 2030년이 되면 8억 3000만 명으로 증가하고 부족한 자원에 비해 수요는 급증하여 물 자원은 수요 대비 공급이 40%가 부족해진다고 한다. 또한 식자재 부족으로 음식 가격은 2010년 대비 2030년 2배로 증가하며, 에너지 부족, 광물 자원 및 금속 자원 부족 등 각종 자원 부족으로 인한 고통이 인류의 삶을 위협하게 된다는 것이다.

KPMG 2030 글로벌 메가트렌드 9

1 | **인구 통계** Demographics
2 | **개인의 부상** Rise of the individual
3 | **테크놀로지 활용** Enabling technology
4 | **경제 상호연계** Economic interconnectedness
5 | **공공 채무** Public debt
6 | **경제 권력의 이동** Economic power shift
7 | **기후 변화** Climate change
8 | **자원 스트레스** Resource stress
9 | **도시화** Urbanization

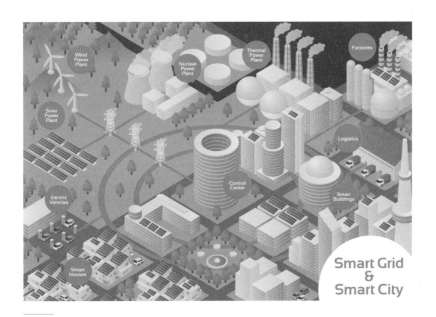

각국 정부는 도시화와 자원 부족 문제를 해결하기 위해
스마트 시티에 그 어느 때보다 관심을 보이고 있다.

중산층 인구가 집중되는 도시 지역은 자원과 에너지 부족이 이미 심각한 문제로 대두되고 있다. 각국 정부는 도시화와 자원 부족 문제를 해결할 수 있는 스마트 시티에 그 어느 때보다 큰 관심을 보이고 있다. 중국은 전체 도시의 80%를 스마트 시티로 변화시키는 계획을 추진 중이며, 일

스마트 시티 Smart City

기존 도시에 스마트 플랫폼을 적용하여 도시의 효율성을 높이고 새로운 가치를 창출하는 것이다. 미국의 글로벌 시장조사 전문기관인 내비건트 리서치(Navigant Research)는 스마트 시티의 구성 요소를 스마트 에너지, 스마트 정부, 스마트 교통, 스마트 빌딩 총 4가지 항목으로 분류하고, 특히 도시의 효율성과 직결되는 스마트 에너지가 4개 요소 중 가장 높은 비중을 차지하며 스마트 시티 시장 성장을 주도할 것으로 전망하고 있다.

스마트 그리드

전기 및 정보통신기술을 활용하여 전력망을 지능화, 고도화함으로써 고품질의 전력 서비스를 제공하고 에너지 이용 효율을 극대화하는 전력망.

본은 대지진으로 파괴된 동북 지역 도시들을 재건함과 동시에 에너지 효율을 증대할 목적으로 스마트 시티 건설을 추진하고 있다.

스마트 에너지 시장은 2010년 18억 달러에서 2020년 약 40억 달러로 2배 이상의 높은 성장을 예상하고 있는데, 미국의 시장조사기관 IDC의 2013년 발표에 따르면, 유럽에서 진행되고 있는 스마트 시티 프로젝트 가운데 스마트 그리드Smart grid, 스마트 빌딩 등 에너지 관련 프로젝트가 가장 많았다.

에너지는 사물인터넷과 결합되어 측정, 관리, 제어가 가능한 양방향 자원으로 진화할 수 있다. 조명, 온도, 습도 등과 관련한 데이터를 측정하는 건물 내 사물 센서와 행동 패턴에 따라 자동으로 사용량을 제어할 수 있는 커넥티드 기기들이 대표적이다.

휴스턴 스마트 미터기, 구글 네스트

미국 휴스턴 시는 스마트 에너지 활용을 위한 노력으로 2008년부터 에너지 효율 개선을 위해 약 6000만 달러를 투자했다. 가정 내 에너지 소비를 줄이고자 민간 회사 센터포인트 에너지CenterPoint Energy

스마트 에너지 관리 기능을 갖춘 미래의 융합 가전

정부는 2035년까지 신재생 에너지 비중을 확대한다는 장기 로드맵 아래 태양광, 풍력, 바이오 에너지와 수소·연료전지 등을 빠르게 추진할 계획이다. 특히 기업, 빌딩 및 일반 가정에 태양광 발전 기기를 대여하는 사업이 더욱 활성화될 전망이다. 소규모 지역에서는 자체적으로 전력, 열, 가스를 생산, 거래, 소비하는 분산 발전 에너지 시스템인 마이크로 그리드 microgrid 도 확산될 전망이다. 미래의 가전제품들은 주변 환경 변화를 감지하여 지능적으로 에너지 소모를 최소화하는 기능을 갖추어야 할 것이며, 자가 생산하는 신재생 에너지를 전력으로 충당할 수 있는 스마트 에너지 관리 기능을 갖추도록 진화해야 할 것이다.

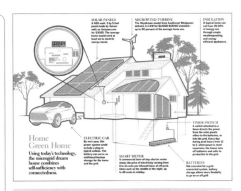

와 합작하여 220만 개의 스마트 미터기를 각 가정에 설치했고, 그 결과 연간 최대 36%까지 전력 사용량을 줄이는 효과를 거두었다. 한편, 홈 에너지 관리 기기의 대표 격인 구글 네스트랩 Google Nest Labs 의 온도 조절 장치는 2015년 국제 소비자 가전 전시회 CES 에서 '웍스 위드 네스트 Works with Nest '를 통해 15종 이상의 새로운 네스트 호환 기기를 발표하며, 가정의 모든 기기를 연결하는 플랫폼으로 확장되는 모습을 보여주었다.

이소츠 주방 시스템

'이소츠 Izotz '는 친환경적이고 효율적인 냉장고인 동시에 식재료를 재배할 수 있는 혁신적인 시스템이다. 제품의 반은 부엌에 들어가 있고, 반은 외부로 나와 있는 형태로, 바깥에 나와 있는 시스템에서 온도를 측정해 그 온도에 맞는 냉장을 유지하도록 하여 전력량을 효과적으로 관리할 수 있다. 예를 들어 외부 온도가 낮아지는 겨울철에는 낮은 전력을 사용하도록 온도가 맞춰지며, 여름철에는 태양열 에너지를 사용하여 높은 전력 소비를 충당한다. 또 바깥 냉장고에서는 식재료를 직접 재배할 수 있어서 친환경 생활을 보조해준다는 인상을 준다.

트렌드 2
스마트 운송 & 교통 시스템

지난 수년간 자동차 회사들은 커넥티드 카^{connected} ^{car}, 텔레매틱스^{telematics} 등 자동차에 정보통신기술을 접목시켜 새로운 시장을 개척하기 위해 노력해왔다. 지능형 교통 시스템^{ITS}은 기존의 교통 시설에 사물인터넷 기술이 접목되어 원활한 교통 소통 및 안전을 제공하는 첨단 인프라다. 국토교통부는 2020년까지 총 3조 2000억 원을 투입해 전국 고속도로와 국도에 차세대 ITS 인프라를 구축하겠다는 계획을 발표했으며, 2017년까지 세종시와 대전시를 연결하는 81km 구간에 180억 원을 투입해 차세대 ITS 시범 사업을 실시할 예정이다.

텔레매틱스

무선통신과 GPS 기술이 결합되어 자동차에서 위치 정보, 안전 운전, 오락, 금융 서비스, 예약 및 상품 구매 등 다양한 이동통신 서비스를 제공함.

사물인터넷과 결합한 도로, 대중교통은 효율적인 교통 시스템을 구현함과 동시에 실시간으로 바뀌는 도시 정보를 수집하는 수단이 될 수도 있다.

도시 곳곳을 움직이는 교통수단이나 도로 시스템을 통해 해당 지역의 실시간 환경 정보와 인구 이동 정보 등이 축적되면 향후 빅데이터 분석으로 도시 개발 및 도시 서비스 개발에도 유용하게 활용될 수 있을 것이다.

런던 지하철 사물인터넷

런던 지하철은 마이크로소프트 지능 시스템을 적용해 CCTV, 에스컬레이터, PA스피커, 에어컨 시스템, 터널 등에 네트워크 기반 센서를 장착하고 전력, 온도, 진동, 습도, 긴급 상황, 시스템 작동 오류 등을 빠르게 확인한

포르투갈의 스타트업 베니암은 도심의 수많은 차량을
네트워크로 엮어 무선 영역을 확대하고 테라바이트급
도시 데이터를 수집한다.

다. 이 정보를 실시간 모바일 어플리케이션으로 모니터링함으로써 전반
적인 시스템을 더 효율적으로 관리할 수 있게 되었고, 시스템 운영비용도
약 30% 절감했다. 또한 런던 시는 횡단보도에 보행자 중심의 스마트 교
통 시스템인 스쿠트 Scoot 를 선보였다. 스쿠트는 신호등에 장착된 카메라로
보행자의 동작을 인식해 안전하게 길을 건널 수 있도록 신호 길이를 조절
한다.

베니암

포르투갈의 스타트업 베니암 Veniam 은 버스 정보 공유 시스템에서 출발해
도시의 차량과 모든 움직이는 것들을 와이파이 핫스팟으로 만들어 연결
하는 네트워크 시스템 '움직이는 것들의 인터넷 Internet of Moving Things '을 개발

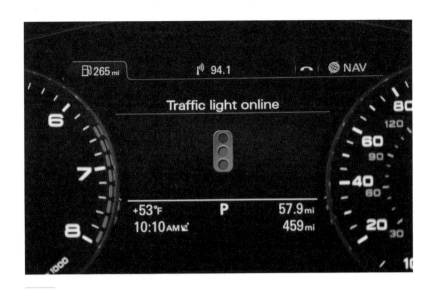

아우디의 온라인 트래픽 라이트 시스템. 자동차가 주변
상황을 미리 파악해 운전자에게 정보를 제공한다.

했다. 도심의 수많은 차량을 네트워크로 엮어 무선 영역을 확대하고 동시
에 그로부터 테라바이트급 도시 데이터를 수집하는 것이 목적이다.

아우디 트래픽 라이트 시스템

아우디는 차량 연비를 높이는 교통신호 인식 시스템인 온라인 트래픽 라
이트 시스템을 선보였다. 자동차가 주변 상황을 미리 파악해 운전자에게
정보를 제공하는 시스템으로, 미리 제공받은 교통신호 및 주변 정보를 바
탕으로 차량의 속도 및 정차 시간을 줄여 연료 효율을 높이고 이산화탄소
배출량 감소와 사고 위험을 낮출 수 있도록 도와준다.

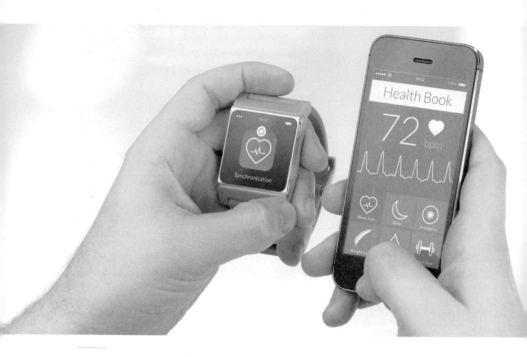

앞으로는 웨어러블 기기 대부분에 심박, 혈류량, 산소
포화도 등을 체크할 수 있는 의료 기기용 센서가 탑재
됨으로써 걸음 수, 수면시간, 칼로리 체크 등 생활 관리
서비스는 물론 건강 기초 자료로서 의료 서비스 확대를
이끌어낼 것이다.

트렌드 3
스마트 헬스케어

구글, 애플, 마이크로소프트, 삼성 등이 본격적으
로 헬스케어 사업에 뛰어들면서 기존 피트니스 및 의료 서비스 산업 생태
계에도 지각 변동을 가져오고 있다. 미국의 IT 연구 자문 기업 가트너Gartner
가 사물인터넷과 연계된 산업의 경제 가치 창출 비중을 조사한 결과에 따

르면 헬스케어와 제조 분야가 각각 15%로 공동 1위를 차지했다. 세계적인 기업들이 주목하고 있는 웨어러블 기기가 가장 크게 성장할 수 있는 영역도 피트니스/웰니스, 헬스케어/메디컬, 인포테인먼트 등으로 나타났다.

대표적인 예로 애플은 센서를 통해 파악한 건강 정보를 병원으로 전달해주는 '헬스 키트'를 공개하고 관련 API를 개발자들에게 제공해 본격적인 헬스케어 생태계 구축에 나섰으며, 구글 역시 혈당 측정용 스마트 렌즈 등 신기술 개발에 공격적으로 투자하고 있다. 앞으로는 웨어러블 기기 대부분에 심박, 혈류량, 산소 포화도 등을 체크할 수 있는 의료 기기용 센서가 탑재될 것으로 예측되고 있다. 이와 더불어 걸음 수, 수면시간, 칼로리 체크 등 생활 관리 서비스를 넘어 건강 기초 자료로서 의료 서비스 확대를 이끌어낼 것이다.

다이얼로그

아티팩트Artefact 사의 다이얼로그Dialog 는 신체에 붙이는 바이오메트릭biometric

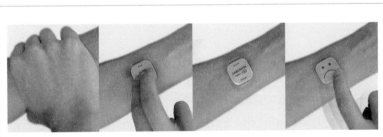

Big Grasp
Calls 911 when the patient is experiencing a seizure.

Double Tap
Allows the patient to mark the start of a big or small aura.

Haptic Feedback
Draws attention to the screen for medication reminders.

Small Gesture
Allows the patient to indicate her mood.

기기로, 생체 정보와 환경을 감지하는 센서를 탑재해 사용자의 상태를 확인할 수 있다. 패치형 디자인이라 사용법이 간편하며, 진동을 통해 약 먹는 시간을 알려주고, 발작과 같은 특수한 조짐이 보이는 경우 간병인과 가족에게 환자의 상태와 위치를 전달해준다.

루마핏

루마핏 Lumafit 사의 루마핏은 한쪽 귀에 착용하는 웨어러블 기기로 퍼스널 트레이너 역할을 해준다. 귓바퀴에 걸치는 부분에는 3축 가속도계 센서가 내장되어 있고, 귓불에 끼우는 부분에는 빛을 사용하는 심박수 측정 장치가 내장되어 있다. 센서는 머리의 궤도를 추적해 운동의 종류를 감지하며, 실시간으로 혈액량과 심박 데이터 변화를 스마트폰으로 전달한다. 기존의 스마트 측정기가 근력이나 체지방을 측정해주는 데 그쳤다면 루마핏은 심박수까지 측정해 심장 나이까지 알려준다는 특징이 있다.

페톨라

신체적·정신적 건강 상태를 관리해주는 것 외에 공기 중 오염 물질이나 방사능, 세균에 오염된 식품 등 생활환경 속에 존재하는 위험 요소들을 감지하고, 차단하고, 정화해주는 제품들도 주목할 만하다. 일렉트로룩스의 페톨라 Petollar 는 반려동물을 키우는 사람들의 알레르기 걱정을 해소해

주는 실내 공기청정기로 플루사^{Plusa} 와 반려동물의 목걸이 미누츠^{Minuz} 로
구성되어 있다. 음이온 방출기가 삽입된 미누츠는 반려동물의 움직임에
따라 주변의 오염된 공기에 음이온을 발생시킨 뒤 정전기를 띤 물질로 변
환시킨다. 그러면 양이온 판이 삽입된 플루사가 이를 흡수하는 방식이다.
센서가 장착되어 있어서 앱과 연동하면 반려동물의 건강, 위치 등의 정보
를 파악할 수 있다.

트렌드 4
지능형 안전

2014년 4월 세월호 참사 이후 안전에 대한 국가
적 관심이 최고조에 달하며 '안전'은 정부가 직면한 최대 과제로 떠올랐

다. 사실 국가재난안전통신망에 대한 논의는 2003년 대구 지하철 참사 당시 처음 제기된 것이었으나 오랫동안 방치되어왔다. 미래부는 강원도 평창에서 시범 사업을 추진한 뒤 전국망 구축 완료를 목표로 하고 있다.

대규모 재난뿐만 아니라 여성, 어린이, 노인과 같은 사회적 약자들을 위한 안전망 구축도 전 세계적인 관심사다. 특히 고령화 사회로 진입한 사회에서는 약자를 배려하는 도시 인프라 구축이 주목받고 있다. 노인이나 몸이 불편한 사람들이 안전하게 살 수 있도록 집을 개조하는 무장애 주택처럼 도시 환경도 무장애 도시로 진화될 필요가 있다. 가령 도시 곳곳에 다양한 센서 기술이 적용되어 보행자의 네트워크와 연결된다면 노약자에게 좀 더 안전하고 편리한 안내 서비스를 제공할 수 있을 것이다.

도시 잠금해제

마이크로소프트의 '도시 잠금해제Cities Unlocked ' 프로젝트는 시각장애인에게 도시의 복잡한 구조를 소리로 안내해주기 위해 시작됐다. 맹인 안내견을 지원해주는 영국의 자선 단체 가이드 독스Guide Dogs 와의 협업으로 시작된 이 프로젝트는 노약자와 장애인에게 도시 잠금해제 헤드폰을 제공하며, 스마트폰의 앱과 연동되어 주변 환경을 입체적으로 설명해준다. 도시 전역에 퍼져 있는 센서와 모바일 네트워크를 적극적으로 활용하며, 특히 골

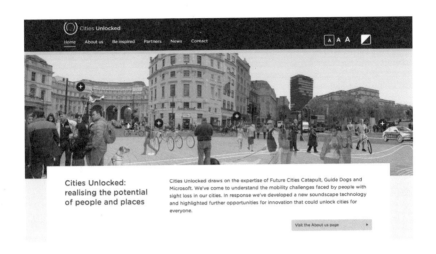

전도 기술을 활용해 도심 소음 속에서도 사용자가 소리를 놓치지 않고 들을 수 있다.

교육 혁신

지난 몇 년간 국내 이러닝 E-learning 시장은 정규 교육 과정에서뿐만 아니라 유아 및 성인 시장에서도 성장세를 이어가고 있다. 앞으로 이러닝은 모바일 러닝을 넘어서 사물인터넷을 기반으로 한 커넥티드 러닝 connected learning 으로 더욱 진화할 것으로 예측된다. 학생은 더 이상 교육의 객체가 아니며, 교육 방식은 학생과 교사, 학생과 학생 간 연결을 통해 상호 작용이 강조될 것이다.

최근 세계 교육계에 큰 변화를 몰고 온 소프트웨어 교육과 코딩 교육은 단순히 IT 인재 육성이라는 목표를 넘어서 디지털 시대에 생각의 방식과 문제 해결 방식을 가르친다는 목적으로 이미 많은 국가에서 필수 교육 과정에 도입되고 있다. 이런 추세에 따라 초소형 센서와 컴퓨터가 삽입된 다양한 키트나 프로그램들이 개발된다면 코딩과 프로그래밍을 쉽고 재미있게 습득할 수 있는 교재로 활용될 것이다.

플레이플 북

일본의 디자인 회사 스태리웍스Starryworks 가 선보인 플레이풀 북Playful Books 은 아이폰과 그림책을 조합한 콘텐츠다. 책 속에 스마트폰을 넣어 오감으로 콘텐츠를 감상하고 책과 상호 작용하는 듯한 경험을 제공한다. 아이폰에 전용 앱을 설치하고 실행시킨 후 첫 번째 페이지의 사각형 구멍에 스마트폰을 넣으면 내용에 맞는 음악을 틀어주기도 하고 노크 소리와 함께 진동을 울리기도 한다.

메이크 가젯

테크놀로지 윌 세이브 어스Technology Will Save Us 사는 누구나 일상 제품을 통해 해킹하며 놀 수 있는 DIY 키트인 메이크 가젯Make Gadgets 을 선보였다. 아두이노 스타트 키트, 악기, 식물, 클레이 점토, 게이머 키트 등으로 구성되어 있다. 클레이 점토 키트를 예로 들면 전도성, 비전도성 점토를 가지고 일상 소품과 전기 회로가 어떠한 원리로 결합되는지 배우면서 자신만의 클레이 장난감을 만드는 것이다.

테크놀로지 윌 세이브 어스 사의 메이크 가젯. 아두이노 스타트 키트, 악기, 식물, 클레이 점토, 게이머 키트 등으로 구성되어 있어서 교육 활용도가 높다.

트렌드 6
서비스 혁신

국내 사물인터넷 시장은 2015년 3조 8000억 원에서 2022년 22조 9000억 원까지 성장할 것이며, 서비스 관련 부문의 매출 비중이 52.6%까지 증가하며 성장을 주도할 전망이다.

　앞에서도 언급했듯이 사물인터넷은 스마트 혁명에 이어 혁신과 성장을 이끌 기대주로 평가받았으나 B2B, B2G 영역에 한정될 뿐 일상생활에서 쉽게 체감하기는 어려웠다. 하지만 최근 몇 년간의 흐름을 살펴보면 정부, 병원, 유통, 의류 업체 등 다양한 분야에서 사물인터넷을 적용한 상품과 서비스 출시가 이어지고 있어 2030년에 이르면 사물인터넷이 우리의 일상을 완전히 뒤바꿔놓을 것으로 예측되고 있다.

롬 딜리버리

볼보 Volvo 는 온라인 쇼핑 고객의 60% 이상이 상품을 수령하는 데 어려움을 겪고 있다는 조사 결과에서 힌트를 얻어 이동 배송 Roam delivery 이라는 서비스를 만들었다. 이 서비스는 상품을 고객의 자동차 트렁크로 배송하는 것인데, 디지털 키 기술을 이용해 배송 직원에게 자신의 차 트렁크를 열 수 있는 일회용 키를 부여하면 배송 직원은 볼보에서 개발한 스마트폰 앱을 이용해 고객의 자동차 위치를 파악한 뒤 트렁크로 배달을 완료할 수 있다.

허니웰 항공사는 승무원의 온보드 디스플레이를 구글 글래스로 대체했다. 객실 상황이나 정보를 구글 글래스를 통해 즉각적으로 확인할 수 있으며, 음성 명령으로 기내 환경 시스템을 조작해 에어컨, 조명, 창문의 차양을 제어할 수 있게 되었다.

구글 글래스, 허니웰

구글 글래스는 훌륭한 기기임에도 불구하고 개인 사생활이나 보안 문제 등으로 일반 소비자가 사용하기에는 여전히 풀어야 할 과제가 적지 않다. 그러나 산업 현장이나 의료 서비스 등 특정 환경에서 사용하는 B2B 영역에서는 높은 활용성을 유감없이 자랑한다. 항공 업체 허니웰Honeywell 은 승무원의 온보드 디스플레이on-board display 를 구글 글래스로 대체했다. 이로써 디스플레이 위치로 이동하지 않아도 객실 상황이나 정보를 구글 글래스를 통해 즉각적으로 확인할 수 있으며, 음성 명령으로 구글 글래스와 연동한 기내 환경 시스템을 조작해 에어컨, 조명, 창문의 차양을 제어할 수 있게 되었다.

'비콘Beacon'은 블루투스나 인간이 들을 수 없는 비가청非可聽 영역의 주파수를 활용해 단말기끼리 정보를 주고받는 기술을 말한다. 쉽게 말해 사람 없이도 근거리에 있는 사물끼리 커뮤니케이션을 한다고 생각하면 된다. 애플이 발표한 저전력 블루투스Bluetooth Low Energy, BLE 기반의 아이비콘iBeacon 덕분에 비콘에 대한 주목도는 더욱 높아졌다. 이 기술은 약 5cm부터 45m 이내에 위치한 기기를 감지하고 신호를 보낼 수 있다. 최대 거리가 20cm 밖에 되지 않는 근거리 무선통신NFC 보다 무한한 상업적 이용 가능성이 있다는 것이 가장 큰 특징이다.

비콘이 활성화되면 서비스 공간들이 변화된다. 가장 먼저 전시, 판매 공간들의 가이드 서비스가 달라질 것이다. 관람객의 스마트폰과 연결되면서 관람객의 이동 경로와 움직임에 따라 실시간으로 필요한 정보를 제공하며, 고객의 동선과 밀집도를 수집하여 가장 효율적인 공간 구성을 기획할 수도 있게 되는 것이다.

에스티모트 스티커

비콘 분야의 전문 기업인 에스티모트Estimote가 내놓은 에스티모트 스티커 Estimote Stickers는 뒷면이 스티커로 되어 있어서 사용자가 원하는 곳 어디에나 부착할 수 있는 작은 무선 센서다. 블루투스를 통한 스마트폰 연동으로 사용자가 설정한 특정 작업을 수행한다. 제품 안에는 블루투스 라디오 외

에스티모트 스티커. 블루투스를 통한 스마트폰 연동으로
사용자가 설정한 특정 작업을 수행한다.

에도 가속도계와 온도와 움직임을 감지할 수 있는 센서가 장착되어 있어
다양한 활용이 가능하며, 앱을 통해 데이터를 수집하고 사용자 환경에 맞
게 설정할 수도 있다.

바운스

가구 인테리어 업체 놀Knoll 은 에스티모트와 협업해 최초로 아이비콘 플랫
폼을 현장에 적용하기도 했다. 놀은 에스티모트를 자신들의 목적에 맞춰
쓸 수 있도록 바운스Bounce 라는 앱을 개발했는데, 이 앱은 특정 공간에 설
치된 다수의 에스티모트를 통해 사람들의 동선과 밀집도를 측정한다. 또
에스티모트 주변으로 접근하는 사람의 아이폰을 감지해 여러 가지 관련
정보를 전해준다.

벨기에 앤트워프에 있는 루벤스 하우스에는 아이비콘
이 설치되어 있어서 관람객이 자신의 스마트폰이나 태
블릿에 앱을 다운로드하면, 관람 경로나 작품의 상세 정
보를 얻을 수 있다.

루벤스 하우스 아이비콘

벨기에의 디지털 마케팅 회사 프로펫Prophet 은 앤트워프에 있는 루벤스 하
우스 내에 아이비콘을 설치했다. 관람객이 자신의 스마트폰이나 태블릿에
앱을 다운로드하면, 관람 경로를 가이드해주거나 작품의 상세 정보를 제
공한다. 또한 루벤스 하우스의 과거 모습을 동영상으로 제공하고, 그림 속
캐릭터로 게임을 하는 듯 최첨단 기술을 활용해 클래식 아트와 교감할 뿐
만 아니라 작가의 삶과 작품에 담긴 스토리를 즐길 수 있다.

초연결, 초협력 시대의 디자인 트렌드

무엇이 기회를 불러오는가?
초연결·초협력 시대를 여는 기술의 진화 HYPER-CONNECTION

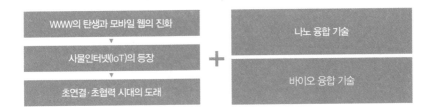

WWW의 탄생과 모바일 웹의 진화	나노 융합 기술
사물인터넷(IoT)의 등장	
초연결·초협력 시대의 도래	바이오 융합 기술

어떤 기회에 주목해야 하는가?
초연결·초협력 시대, 6가지 변화 HYPER-SHIFT

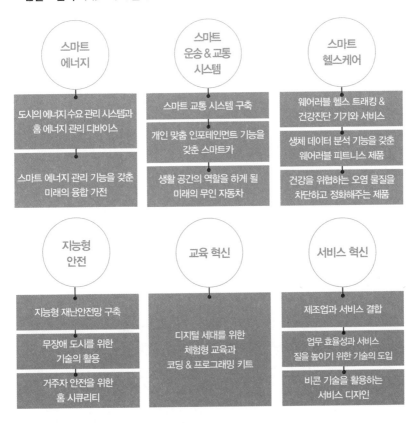

스마트 에너지
- 도시의 에너지 수요 관리 시스템과 홈 에너지 관리 디바이스
- 스마트 에너지 관리 기능을 갖춘 미래의 융합 가전

스마트 운송 & 교통 시스템
- 스마트 교통 시스템 구축
- 개인 맞춤 인포테인먼트 기능을 갖춘 스마트카
- 생활 공간의 역할을 하게 될 미래의 무인 자동차

스마트 헬스케어
- 웨어러블 헬스 트래킹 & 건강진단 기기와 서비스
- 생체 데이터 분석 기능을 갖춘 웨어러블 피트니스 제품
- 건강을 위협하는 오염 물질을 차단하고 정화해주는 제품

지능형 안전
- 지능형 재난안전망 구축
- 무장애 도시를 위한 기술의 활용
- 거주자 안전을 위한 홈 시큐리티

교육 혁신
- 디지털 세대를 위한 체험형 교육과 코딩 & 프로그래밍 키트

서비스 혁신
- 제조업과 서비스 결합
- 업무 효율성과 서비스 질을 높이기 위한 기술의 도입
- 비콘 기술을 활용하는 서비스 디자인

미래를 보는 3가지 기준, 미래 준비 프로세스

국가적·산업적 차원에서 대대적으로 확산되고 있는 3D 프린팅 기술 역시
미래의 삶을 완전히 바꿔놓을 것이다.

█ 인간과 환경, 기술,
█ 사회를 연결하는 미래 디자인

미국의 경제학자 존 케네스 갤브레이스^{John Kenneth}
^{Galbraith} 가 《불확실성의 시대》를 출간한 것은 1977년이었다. 1970년대는 자
본주의와 사회주의 진영의 대립, 환경오염과 인플레이션, 대량 실업 등 해
결해야 할 과제가 산더미처럼 쌓인 시대였다. 기존 경제 이론으로는 더
이상 현재를 설명하거나 미래를 예측하기 힘든 시대였다. 갤브레이스는
'불확실성의 시대'를 살아가기 위해서는 "중요한 진리를 앞에 두고서 외
면하지 말 것, 곤란한 문제일지라도 피하지 말 것, 불확실한 신화에 기대
지 말고 실체를 찾아낼 것, 기존 제도에 얽매이지 말고 문제를 하나하나

창의적으로 풀어갈 것"을 강조했다.

《불확실성의 시대》가 세상에 나온 지 40여 년이 지났지만 '불확실성'은 여전히 사회 전반에 걸쳐 있는 커다란 화두다. 세계를 지배해온 경제 프레임인 자본주의가 위기를 맞고, 기계의 지능이 인간의 지능을 따라잡는 시점이 코앞에 다가와 있다. 파괴된 지구 환경은 예측하지 못한 부작용들을 드러내고, 세계화된 사회는 다양성의 공존과 갈등 사이에서 대립하고 있다. 다시 말해 우리는 그 어떤 예측도 확실한 대안을 주지 못하는 상황에 처해 있다. 확실한 것은 '불확실성' 시대를 살고 있다는 것뿐이다.

우리는 이런 불확실성에도 불구하고 기존의 트렌드 연구와 조사 결과들을 종합하여 미래의 불확실성을 해소할 수 있는 생각의 큰 틀을 제시해주고 싶었다. 그 중심에는 미래를 향해 무한히 확장될 수 있는 가능성을 지니고 있으며, 실제로 해결책을 제시할 수 있는 디자인의 역할을 극대화하려는 시도다. 이제는 모든 산업과 생활에서 디자인이 어떻게 문제를 실질적으로 해결할 수 있는지 고민하지 않으면 안 된다. 기술, 사회, 환경 전반에서 발생하는 문제들을 해결할 수 있는 해법은 마시모 비넬리가 말한 '추한 것', 즉 무언가 문제를 가진 것에서 개선의 여지를 찾아내는 '디자인적 사고'에서 출발하기 때문이다.

이번 장에서는 일반적으로 메가트렌드의 흐름을 이끌어가는 거시 요소들, 즉 기술, 사회, 환경, 사회 분야의 흐름을 인간 생활과 연결해 미래를 준비할 수 있는 3가지 기준점, 이를 실행할 5단계 프로세스를 제공한다. 3가지 기준점은 디자인적 사고와 다시 연결되며 앞으로 2장부터 4장까지 구체적인 사례들과 함께 소개될 것이다.

미래 준비 프로세스 × 디자인 씽킹

1단계
기술 사회 환경 × **인간**

2단계
기술과 인간의 미래 → 스마트 기술에 가치를 담는 디자인
사회와 인간의 미래 → 사회 균형을 생각하는 디자인
환경과 인간의 미래 → 결핍을 해결하는 디자인

3단계
미래 징후 포착하기
• 3가지 미래를 예측하게 해주는 거시 전망, 마켓, 라이프 이슈 미래를 위한 비전 키워드 도출
• 미래 징후를 중심으로 미래 생활에 영향을 줄 수 있는 핵심 키워드 도출

4단계
라이프 비전
• 미래 비전 키워드들을 기반으로 미래 생활 비전 제시

5단계
디자인 솔루션
• 라이프 비전을 실현하기 위한 디자인 솔루션

1단계 모듈화 Modularization

메가트렌드를 이루는 거시적 요소들의 흐름과 주요 사례들을 '키워드+사례'의 형식으로 재구성.

2단계 3×3 매핑 3×3 MAPPING

생성된 모든 모듈을 3가지 미래를 구성하는 환경, 기술, 사회 축과 미래 비전의 세부적인 내용으로 구성될 거시 전망, 마켓 & 라이프, 디자인 축의 3×3 매트릭스에 맞도록 분류.

3단계 미래 징후 포착하기
FUTURE VISION KEYWORD

3가지 미래 그룹별로 거시 전망, 마켓 & 라이프, 키워드들을 연결해 미래 인간 생활과 디자인에 영향을 주는 핵심 키워드 도출.

4단계 라이프 비전 LIFE VISION

미래 인간 생활, 주요 소비자군, 특징 및 제공 가치, 주요 산업에 대한 키워드 도출.

5단계 디자인 솔루션
DESIGN SOLUTION

디자인 모듈 그룹들을 중심으로 라이프 비전과 연결되는 디자인 솔루션 사례 선별. 삶의 양식을 변화시키는 디자인, 기술·산업 분야에 적용할 수 있는 디자인 통찰 제공.

Changing Point : 기존의 제품과 서비스에서 변화되는 포인트는 무엇인가?
Life Value : 제품과 서비스가 구현해야 할 생활 속 가치와 주요 대상은 누구인가?
Industry : 제품 및 서비스가 적용되거나 주목해야 할 산업들은 무엇인가?
Technology : 제품 및 서비스에서 고려해야 할 기술 요소들은 무엇인가?
Design Seed : 해당 제품 및 서비스 개발을 위해 디자인 개발 단계에서 고려해야 할 형태, 인터페이스, 소재 & 컬러 등의 키워드는 무엇인가?

　

지금까지 우리는 불평등과 갈등, 불확실성 속에서 끊임없이 변화하는 시대에 어떻게 문제의 해법을 찾아야 할지 살펴보았다. 주지하다시피 디자인은 이 모든 문제들을 각각의 분야에서 창의적인 방식으로 해결할 수 있는 열쇠이며, 미래 트렌드를 주도할 확실한 도구라는 사실 또한 반복해서 강조했다.

디자인적 사고가 반드시 IT 같은 특정 분야에만 필요한 것은 아니다. 경계를 허문 디자인적 사고는 제조, 서비스, 공공 정책, 환경 문제 해결에 이르기까지 다양한 분야에서 새로운 성장 동력을 찾아낼 수 있게 도와준다. 이어지는 2장부터 우리는 본격적으로 변화된 미래의 청사진을 그려줄 사례들을 살펴보게 될 것이다. 이를 통해서 어떤 산업이 살아남고 어떤 산업이 멸종할지 알게 될 것이며, 무엇이 트렌드로 자리 잡을지 나름의 해답도 얻을 수 있을 것이다. 미래 트렌드를 이해하는 데 있어서 디자인이 왜 필요한지를 이해했다면 지금부터는 디자인으로 무엇을 할 것인지를 찾아 나설 차례다.

4차 산업혁명 이후,
디자인 산업의 미래

국민대 겸임교수, 디자인 칼럼니스트
안진호

인류의 역사에서 기술 혁신의 영향으로 일어난 사회, 경제 구조의 변혁을 '산업혁명'industrial revolution 이라 한다. 이 용어는 아놀드 토인비가 그의 저서인 《영국 산업혁명 강의 Lectures on the Industrial Revolution of the Eighteenth Century in England 》에서 처음 사용함으로써 보편화되었다.

1784년 영국에서 증기기관으로 대표되는 '1차 산업혁명'이 일어났다. 이 과정에서 디자인은 이전의 공예라는 성격이 아닌 산업 미술이라는 개념으로 발전했고, 디자인이라는 개념과 체계가 성립되었다. 이 시기의 산업 구조에서는 역사상 처음으로 디자인하는 과정이 제조 공정에서 분리됐고, 현대적인 디자이너라는 직업을 만드는 계기가 되었다.

1870년에는 전기와 석유를 이용한 대량 생산이 본격화되는 '2차 산업혁명'이 일어났다. 이 시기 산업은 제품의 생산량을 최대화하는 것이 중요했고, 작업 방식을 표준화하면서 작업 능률 향상과 품질 개선에 몰두하게 되었다. 전문 디자인 교육을 통해 프로세스와 방법론 등이 체계적으로 발전했다. 디자이너의 역할과 분야가 세분화되고, 직업으로서 안착되기 시작했다.

1969년 인터넷이 이끈 컴퓨터 정보화 및 자동화 생산 시스템이 주도하는 '3차 산업혁명'이 일어났다. 컴퓨터는 산업 부문에서 생산, 소비, 유통의 전 과정을 시스템으로 자동화하기 시작했다. 디자인 분야도 컴퓨터의 자동화와 기술의 진화로 디자이너 개인의 감각과 역량에 기반을 두었던 것들이 쉽고 빠르고 정확하게 적용할 수 있도록 진화하면서 발전했다.

2016년 1월 스위스 다보스에서는 세계경제포럼WEF 이 개최됐다. 여기서 인공지능AI, 로봇공학, 사물인터넷IoT, 자율주행 차량무인 자동차, 3D 프린팅, 나노 기술, 바이오 기술 등이 주도하는 '4차 산업혁명'이 화두가 됐다. 이것은 산업에서 현실과 가상이 통합되어 사물을 자동적, 지능적으로 제어할 수 있는 가상의 물리적 시스템이 구축되는 변화를 의미한다. 앞으로 공장기계과 제품이 지능을 가지게 되고, 인터넷의 연결로 학습 능력도 좋아진다는 의미다. 디자인 분야에서도 일찍이 3D 프린터를 활용하는 디자인에 주목하고 있고, 사물인터넷 기반 환경과 자율주행 차량의 UX, 서비스 디자인 등 최신 기술과 방식을 접목해 다양한 분야를 개척하면서 이러한 변화에 대응하는 노력을 하고 있다.

4차 산업혁명은 인류의 생활을 풍요롭게 만들고, 혁신을 가져올 것이다. 디자인 부문에 새로운 동기를 부여하는 것도 사실이다. 그러나 4차 산업혁명은 이전의 산업혁명과는 다른 점이 있다. 현실로 닥쳐오는 것이 현재 대부분 일자리의 소멸이다. 2016년 다보스 세계경제포럼에서 '일자리의 미래'라는 흥미로운 보고서가 발표됐다. 이 보고서에 따르면 2016년 초등학교에 입학하는 어린이의 약 65%가 기존에 존재하지 않았던 새로운 직종에서 일하게 될 것이다.

최근 방영된 한 다큐멘터리 프로그램에서도 '일자리가 사라진다'라는 주제를 다루면서 경제가 성장할수록 일자리가 사라지는 현상을 '풍요의 역설'이라고 표현했다. 예를 들어 미국의 대형 병원에서는 약을 조제하는 로봇이 도입되어 약사를 대체하고 있고, 일본에는 초밥을 만들어주는 로봇이 등장했다. 인간만이 할 수 있을 것 같았던 약사, 요리사 같은 직업을 로봇이 위협하고 있는 것이다. 앞으로 20년 후 절반의 일자리가 사라진다는 예측은 틀리지 않아 보인다.

이렇게 사라지는 직업에서 디자이너는 어떻게 될 것인가? 혹자들은 디자인이 창의적 분야로서 단순 노동이 아니고, 생각하는thinking 분야이기에, 무조건 살아남고 번성할 것이라 한다. 그러나 자동화하고 지능화된 4차 산업혁명의 미래에서 디자이너는 약사나 요리사와 다를 것이 없다.

4차 산업혁명의 새로운 기술과 트렌드들을 조합해 상상해본 디자인의 미래는 다음과 같다. 빅데이터에 기반을 둔 인공지능 디자인 시스템은 레오나르도 다빈치의 작품부터 현재 시점의 모든 디자인 관련 산출물 등 수집 가능한 모든 빅데이터를 분석한다. 또한 사물인터넷이 적용된 모든 사용자 장치들은 사용자의 반응을 수집하고 시스템으로 전송한다. 시스템은 색채학, 인지공학, 경영학, 경제학, 심리학, 사회학 등 디자인과 관련된 모든 면에서 인공지능을 통한 분석을 수행한다. 최종적으로 인공지능 기반 디자인 시스템은 최적화된 디자인 결과에 대한 해답을 여러 가지 버전으로 만들어 동시에 제시할 수 있다. 그 해답은 3D 프린팅으로 연결되어 자동으로 시제품을 만들고, 실시간으로 지능화된 공장으로 제품 생산을 지시하게 된다. 이런 지능화된 시스템에서 디자이너는 전체 공정을 관리할 수 있는 몇 명만 있으면 된다.

이렇게 되면 디자이너에게는 몇 개월이 걸리는 창의적 작업을 단 몇 분, 몇 시간 만에 끝낼 수 있게 될 것이다. 또한 지능화된 공장은 소품종 소량 생산을 손쉽게 만들어줄 것이고, 인공지능 기반의 시스템은 소비자가 직접 디자인한 제품을 디자인 데이터베이스에서 최적의 산출물을 조합해 만들어줄 수 있게 되는 것이다. 즉, 디자인의 핵심 요소라는 기능성, 양질성, 경제성, 심미성 등의 창의적 작업을 지능화된 기계가 대체할 수 있다는 것이다.

이런 환경에서 지금 우리가 의미와 가치를 두고 있는 대부분의 디자이너들은 그 존재의 의미가 사라질 수 있다. 1, 2, 3차 산업혁명은 디자인의 질적, 양적 구조를 팽창시켜왔고, 디자인의 역할과 필요성을 분명하게 해줬다. 그러나 4차 산업혁명은 그렇지 않을 가능성이 크다. 디자인의 생존과 번영을 위해서 디자인의 새로운 역할과 가치를 만들어갈 준비를 해야 한다. 그렇다면 어떻게 대처해야 4차 산업혁명에서 디자인이 살아남을 수 있을 것인가?

디자인의 진화 방향은 3D 프린팅, 서비스, 사용자 경험[UX] 등으로 디자인 종류[분야]를 세분화, 고도화, 확대하는 것이 아니다. 디자인의 역할을 지금처럼 그리는[drawing] 중심이 아닌, 기획[planning]하고 관리[management]하는 등 다변화한다는 것을 인식해야 한다. 현재 관점처럼 디자인의 표현 방식과 방법론만 변화하는 생각으로는 안 된다. 제품 포장 수단으로서의 디자인이 아닌, 산업 속에서 새로운 가치를 창조해 내고, 누구나 공감할 수 있는 방향으로 그려내는 역할로서 인식해야 하고, 독자적인 생존을 모색하는 것이 아니라 세상 속에 자연스럽게 녹아들어 가야 한다. 기존의 산업혁명에서는 유형화된 사물의 가치를 중요시했고 디자인도 독자적인 역할을 하는 것이 가능했다. 그러나 4차 산업혁명의 가치는 정해져 있거나 그 실체를 알 수 없고, 다양한 관계와 융합 속에서 기존에 없던 가치를 추구하게 될 것이다.

디자인은 스스로 제품과 서비스의 가치를 만드는 것이 아니고, 지능화된 시스템에 융화되고 협업 속에서 가치를 만들며 자신의 존재의 이유를 찾아야 한다. 미래 산업에 디자인의 가치는 절대적으로 필요하다. 단, 지금 우리가 알고 있는 디자인의 독자적 시스템은 의미가 없어지거나 약해질 것이다. 절대 순수 예술처럼 별개의 존재로 생각하면 안 될 것이며, 항상 모든 곳에 자연스럽게 스며들어 있어야 한다. 디자인은 독자적 형태로서의 발전이 아니라 모든 산업 속에 스며 있어야 한다. 디자인의 진정한 가치는 디자인에 있는 것이 아니라 디자인을 필요로 하는 무언가에 가치를 부여할 때 의미가 있는 것이다.

4차 산업혁명으로 세상은 더 편하게 변할 것이다. 디자인은 눈에 보이지 않는 새롭고 혁신적인 무언가를 생각해내고, 그것을 누구나 이해할 수 있도록 바꿔주는 역할에 주목해야 한다. 디자인을 수단으로 인식하는 것이 아니라, 세상 모든 것이 연결되고, 지능화된 세상에서 디자인이 가진 창의력을 어떻게 활용할 수 있을지 고민하고 준비하는 것이다. 우리는 이것을 '창조적 변이'라고 할 수 있을 것이다. 앞으로의 디자이너는 단순히 시각화에 대한 전문가가 아니라 모든 산업 분야에서 새로운 가치를 만들어내고, 표현하기 어려운 무형의 가치를 모두가 공감할 수 있도록 형상화해줄 수 있는 사람이 되어야 할 것이다.

CHAPTER
2

디자인에서 시작되는
기술 혁신의 미래

주요 내용 미리 보기

○ 거시전망

▶ 초연결·초협력 시대를 여는 사물인터넷
▶ 초연결 시대의 르네상스를 이끄는 센서 기술
▶ 3D 프린팅 기술과 '개인 제조Personal Manufacturing' 시대
▶ 융합 기술과 개인 맞춤 의료의 현실화

○ 마켓&라이프 이슈

▶ 미병인未病人 증가와 관리 중심의 건강 인식
▶ 스마트 헬스케어 시장의 성장
▶ 디지털 키즈들의 체험형 교육과 메이커 무브먼트Maker Movement
▶ 밀레니엄 세대들의 스마트 워킹Smart Working과 레저 홀릭Leisure Holic
▶ 지능적으로 도시의 효율성을 높여주는 스마트 시티 구축
▶ 기능과 효율성을 기반으로 개인 삶의 가치를 구현하는 스마트 홈
▶ 초현실적인 경험을 제공하는 엔터테인먼트 시장의 변화
▶ 기술을 통해 역사와 고전을 새롭게 경험하게 하는 아트 프로젝트

○ 미래산업 키워드

▶ 스마트 헬스케어
▶ 스마트 홈, 스마트 시티
▶ 프로슈머, 메이커스 무브먼트
▶ 증강현실, 가상현실

▶ 스마트 기술에 가치를 담는 디자인

◯ 라이프 비전

▶ 건강하고 주체적인 삶으로 이끄는 디자인
▶ 스마트 홈, 스마트 시티, 모든 것이 연결된 삶
▶ 기술과 디자인의 창조적 만남
▶ 경계의 초월, 경험의 확장

◯ 디자인 솔루션

초연결 시대의
유망 기술 트렌드

경계를 허문 디자인적 사고는 제조, 서비스, 공공 정책, 환경 문제 해결 등 다양한 분야에서
새로운 성장 동력을 찾아낼 수 있게 도와준다. 디자인이 왜 필요한지를 이해했다면
이제 디자인으로 무엇을 할 것인지 찾아 나설 차례다.

사물인터넷은 이미 2014년 가트너가 공개한 하이프 사이클의 최정상에 위치해 있었다. 하이프 사이클Hype Cycle 은 기술의 성숙도를 표현하기 위한 시각적 도구로 미국의 IT 연구 자문 기업 가트너가 개발했다. 5단계 하이프 사이클 중 사물인터넷은 2단계인 거품기의 절정에 있다.

하이프 사이클에 따르면 거품기의 기술들은 5~10년 내에 시장에서 어느 정도 위치와 인지도를 차지한다. 사물인터넷이 주류 시장으로 편입되는 시점에 대해서는 아직 많은 논쟁이 있지만 그 시대가 반드시 올 것이라는 전망에 대해서는 논란의 여지가 없다.

미국의 여론조사 기관인 퓨 리서치 센터Pew Research Center 는 '2025년 디지털 라이프Digital Life in 2025 '라는 주제로 전문가들이 예상하는 미래의 모습을

1단계 | 기술 촉발 Technology Trigger
잠재적 기술이 관심을 받기 시작하는 시기. 초기 단계의 개념적 모델과 미디어의 관심이 대중의 관심을 불러일으킨다. 상용화된 제품은 없고 상업적 가치도 아직 증명되지 않은 상태.

2단계 | 부풀려진 기대의 정점 Peak of Inflated Expectations
초기의 대중성이 일부의 성공적 사례와 다수의 실패 사례를 양산. 일부 기업이 실제 사업에 착수하지만, 대부분의 기업들은 관망.

3단계 | 환멸 단계 Trough of Disillusionment
실험 및 구현이 결과물을 내놓는 데 실패함에 따라 관심이 시들해짐. 제품화를 시도한 주체들은 포기하거나 실패. 살아남은 사업 주체들이 소비자를 만족시킬 만한 제품의 향상에 성공한 경우에만 투자가 지속.

4단계 | 계몽 단계 Slope of Enlightenment
기술의 수익 모델을 보여주는 좋은 사례들이 늘어나고 더 잘 이해되기 시작한다. 2~3세대 제품들이 출시된다. 더 많은 기업들이 사업에 투자하기 시작한다. 보수적인 기업들은 여전히 유보적인 입장을 취한다.

5단계 | 생산성 안정 단계 Plateau of Productivity
기술이 시장의 주류로 자리 잡기 시작한다. 사업자의 생존 가능성을 평가하기 위한 기준이 명확해진다. 시장에서 성과를 거두기 시작한다.

조사했는데, 많은 전문가가 사물인터넷과 웨어러블 디바이스가 인간의 삶에 깊게 스며들 것이라고 예측했다. 그렇다면 웹의 미래라고 일컬어지는 초연결 사회란 어떤 미래일까? 제러미 리프킨은 "자본주의는 사물인터넷이라는 혁명적인 플랫폼을 통해 미래 공유 사회로 나아가고 있다."라고 주장했으며, 토머스 프리드먼은 "빅 데이터가 비행경로에서부터 에너지 효율성까지 모든 것을 향상시킬 것"이라고 전망한다.

센서 개발에 목숨을 걸어라

"센서 사업을 하면 대박이 터질 것이다." 윤부근 삼성전자 대표이사는 2015년 국제가전박람회 CES 당시 기자 간담회에서 이렇게 말했다. 아이폰을 시작으로 휴대폰에 센서 사용이 급증했고, 최근 출시되고 있는 스마트폰에 탑재된 센서의 개수는 약 20개에 달한다. 전문가들은 각종 안전 관련 신기능들이 구현되고 있는 자동차의 경우 2015년경 약 200개 이상의 센서가 사용될 것으로 예상하고 있다. 특히 사물인터넷이 보편화하고 밴드, 시계 형태의 웨어러블 기기가 출시되면서 다양한 분야에서의 센서 활용이 가속화되고 있다.

Everything is delivering the juice. *Because when every appliance and outlet connects, efficiency rules the grid. The Internet of Everything is changing everything. And one company is making it possible. #InternetofEverything*

CISCO
TOMORROW starts here

　센서는 사물인터넷을 구성하는 3대 요소 중 하나로 꼽힌다. 플랫폼을 몸통, 통신 기술을 신경이라 한다면 센서는 감각 기관에 비유할 수 있다. 글로벌 전자 업체 허니웰, 보쉬, ST마이크로일렉트로닉스 등 기존 센서 업체는 물론 구글, 애플 등 글로벌 IT 공룡들도 센서 분야에 투자를 아끼지 않는다.

　특히 나노 기술이 적용된 초소형 센서 개발은 다양한 사물들과 결합되어 사물인터넷 시장을 확장시키는 데 큰 역할을 한다. 최근에는 2mm 정도 크기의 나노파워 자기저항 센서가 개발되었으며, 초소형 센서를 기반

인텔 큐리는 단추만 한 하드웨어에 블루투스 LE, 패턴
매칭 기반의 제스처 센서를 탑재했다. 초소형 센서를 기
반으로 한 초소형 컴퓨터는 계속 진화 중이다.

으로 한 초소형 컴퓨터들도 지속적으로 개발되고 있다. CES 2015에서 인
텔이 공개한 큐리 Curie 는 단추만 한 크기의 SoC System-on-Chip 하드웨어에 블
루투스 LE, 패턴 매칭 기반의 제스처 센서를 탑재하고 있다.

개인 제조 시대의
3D 프린팅

국가적·산업적 차원에서 대대적으로 확산되고

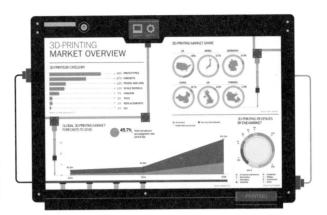

3D 프린터 기술은 3차 산업혁명의 핵심 기술 중 하나다. 무슨 상품이든 어디서나 소비자가 원하는 맞춤형 내용으로 출력, 생산이 가능한 디지털 제조 시대가 실현될 날이 눈앞에 있다.

있는 3D 프린팅 기술 역시 미래의 삶을 완전히 바꿔놓을 것이다. 많은 미래학자와 전문 언론들도 3D 프린팅이 공장 대량 생산에 기반을 둔 사회 체제를 근본적으로 재편할 잠재력을 가진 기술이라 언급하고 있다. 또 소량 맞춤형 생산을 대중화하여 대량생산Mass Production 의 시대를 '대량맞춤 Mass Customization '의 시대로 바꿀 것이라고 한다.

〈이코노미스트〉는 표지 특집으로 '제3차 산업혁명: 3D 프린터에 의한 디지털 제조업 시대'를 대대적으로

1차 산업혁명
18세기 중엽 방직업의 공장 생산 체제화, 증기기관 발명을 중심으로 시작된 영국의 산업혁명

2차 산업혁명
20세기 초 미국의 헨리 포드에 의한 자동차 산업의 이동조립식 대량 생산 체제를 중심으로 시작된 산업혁명

3차 산업혁명
복합적 기술(소프트웨어, 신소재, 로보트, 신 제조 공정, 3D 프린터 등)의 융합에 의한 맞춤형 디지털 제조업이 중심이 되는 산업혁명

4차 산업혁명
물리적 공간과 가상공간의 연결, 기술 융합, 평균 수명 증가와 고령화 사회 진입, 인공지능과 기계학습, 첨단소재, 생명공학기술과 유전체학이 중심이 되는 산업혁명

다루기도 했다. 기사는 1차 산업혁명에서 3차 산업혁명으로의 발전에 대한 정의를 내리며, 3D 프린터 기술이 3차 산업혁명을 불러올 핵심 기술 중 하나라고 언급한다. 개인이 직접 원하는 제품을 출력하고 생산하는 꿈의 세계를 열 것이며, 공장 노동자의 지원 없이 전문가 그룹만으로 무슨 상품이든 어디서나 소비자가 원하는 맞춤형 내용으로 출력, 생산이 가능한 디지털 제조 시대가 실현될 날이 이미 실험 단계에 있다는 것이다.

맞춤 의료 산업의
블루 오션

OECD 국가들에서는 급속도로 발전하는 정보통신 및 생명공학 기술을 토대로, 이른바 4P 예측Predictive, 예방Preventive, 맞춤Personalized, 참여Participatory 의료 시대가 열릴 것이라는 데 공감대가 형성되고 있다. 특히 정보통신 기술, 바이오 기술, 나노 기술 산업의 성장과 맞물려 맞춤형 신약 개발, 분자 진단, 유전체·단백체 표적 물질 탐색 기술, 유전체 스크리닝 기술 등의 시장이 급속히 확대될 것으로 전망된다. 우리나

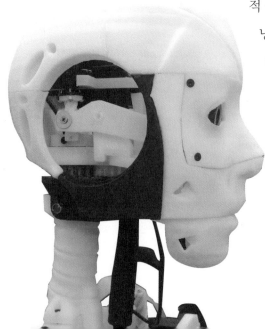

바이오 프린팅 기술이 IT, 나노센서 기술과 융합되면 인간의 신경계나 컴퓨터의 전자 신호를 받아 움직이는 개인 맞춤 의수나 휴머노이드 로봇 개발에 혁신을 일으킬 수 있을 것이다.

라에서도 한국인에게 최적화된 맞춤형 진단 기술 개발을 목표로 개인용 진단 키트 분야가 활성화되고 있는데, 디지털노믹스와 인제대학교는 공동으로 분자 진단 키트를 연구개발하고 있으며, 개인별 약물 유전자 서비스도 공급 범위를 넓혀가고 있는 추세다.

　3D 프린팅 기술이 바이오 기술과 융합된 '바이오 프린팅^{Bio-Printing}' 분야도 주목받고 있다. 바이오 프린팅이란 살아 있는 세포를 원하는 형상 또는 패턴으로 적층하여 조직이나 장기를 제작하거나 근육과 뼈를 제작하는 것을 의미한다. 바이오 프린팅 기술이 IT, 나노센서 기술과 융합되면 인간의 신경계나 컴퓨터의 전자 신호를 받아 움직이는 개인 맞춤 의수나 휴머노이드 로봇 개발에 혁신을 일으킬 수 있을 것으로 보인다.

스마트 기술에 가치를 담아내는 디자인

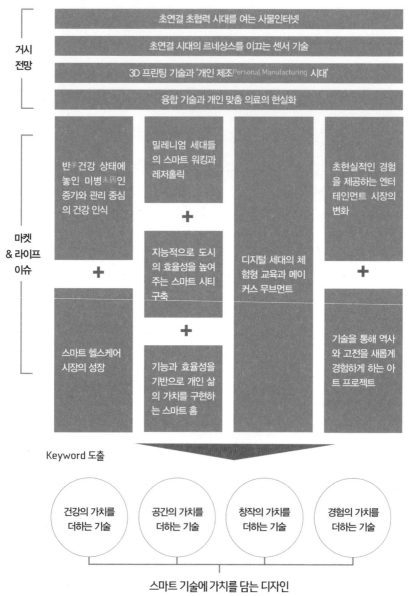

미래 징후 포착하기

거시 전망

초연결 초협력 시대를 여는 사물인터넷

초연결 시대의 르네상스를 이끄는 센서 기술

3D 프린팅 기술과 '개인 제조Personal Manufacturing 시대'

융합 기술과 개인 맞춤 의료의 현실화

마켓 & 라이프 이슈

반半건강 상태에 놓인 미병未病인 증가와 관리 중심의 건강 인식

+

스마트 헬스케어 시장의 성장

밀레니엄 세대들의 스마트 워킹과 레저홀릭

+

지능적으로 도시의 효율성을 높여주는 스마트 시티 구축

+

기능과 효율성을 기반으로 개인 삶의 가치를 구현하는 스마트 홈

디지털 세대의 체험형 교육과 메이커스 무브먼트

초현실적인 경험을 제공하는 엔터테인먼트 시장의 변화

+

기술을 통해 역사와 고전을 새롭게 경험하게 하는 아트 프로젝트

Keyword 도출

건강의 가치를 더하는 기술

공간의 가치를 더하는 기술

창작의 가치를 더하는 기술

경험의 가치를 더하는 기술

스마트 기술에 가치를 담는 디자인

THE FUTURE OF POST-SMARTNESS

건강하고 주체적인
삶으로 이끄는 디자인

사물인터넷, 웨어러블 디바이스, 바이오 센서 등의 하이테크 융합의 피트니스 시장은
무궁무진한 변화와 발전의 가능성을 가진 분야다. 스마트 헬스케어 산업은 타 영역의 산업과
다양하게 융합되어 더 나은 삶을 구현하도록 도와줄 것이다.

완전한 건강 상태는 아니지만, 그렇다고 해서 질병 상태도 아닌 제3의 상
태. 현대인의 질환인 미병 未病 은 '질병은 아니지만 신체적·정신적·사회적
이상 증상으로 인해 일상생활에 불편함을 겪거나 경계역의 이상 소견을
보이는 상태'를 의미한다. 한의학에서는 이를 관리와 치료의 대상으로 여
겨왔다.

한국갤럽과 한국한의학연구원에서 우리나라 성인 약 1000명을 대상으
로 조사한 결과에 따르면 질병은 아니지만 피로, 통증, 수면·소화 이상 등
의 불편 증상을 호소하는 사람들이 47%로 나타났다. 한국의 성인 2명 중
1명은 미병 상태에 있다고 볼 수 있다. 특히 우리나라는 매우 빠른 속도로
고령화가 진행되고 있어서 건강에 대한 인식도 치료 중심에서 관리와 예

방 중심으로 변화하고 있다. 국내 소셜 빅데이터를 중심으로 최근 3년간 '건강' 연관어를 분석해본 결과, '치료'보다는 '관리', '예방', '챙기다'와 같은 단어들의 빈도가 더 높게 나타났다.

스마트 헬스케어 시장의 성장도 이와 무관하지 않다. 구글, 애플, 마이크로소프트, 삼성, 소니 등이 본격적으로 헬스케어 사업에 뛰어들면서 기존 피트니스 및 의료 서비스 산업 생태계의 변화를 예고하고 있다. 이들

기업은 자신들의 핵심 역량을 바탕으로 차기 헬스케어 시장을 선점하기 위해 치열한 경쟁을 예고하고 있다. 대표적으로 웨어러블 기기를 기반으로 다양한 건강 데이터를 수집하고 분석할 수 있는 자체 플랫폼 구축 경쟁이 심화될 것으로 보인다. 웨어러블 기기 대부분에 심박, 혈류량, 산소 포화도 등을 체크할 수 있는 의료 기기용 센서가 탑재될 것으로 예상되며, 걸음 수, 수면 시간, 칼로리 체크 등의 생활 관리 서비스를 넘어 건강 기초 자료로서 의료 서비스 확대를 이끌어낼 것으로 전망된다.

사물인터넷, 웨어러블 디바이스, 바이오 센서 등의 하이테크 융합의 피트니스 시장은 무궁무진한 변화와 발전의 가능성을 가진 분야다. 프로 스포츠 선수나 일부 전문가들의 영역으로 인식됐던 기술들이 이제는 일반 소비자의 생활 영역으로 확장되고 있는 것이다. 대표적인 예로, 최근에는 움직임을 읽어내는 모션 센서에 바이오 센서 기술이 융합되면서 움직임에 따른 사용자의 생체 변화를 추적할 수 있게 되었다. 사용자의 심장박동 수나 산소 포화도에 대한 데이터를 통해 사용자에 따른 운동량을 판단, 신체적 움직임과 심리적 안정이 균형을 이루는 최적의 운동 상태를 유지해주는 진화된 기능의 제품들이 출시되고 있다.

트렌드 키워드 · 스마트 헬스케어

질병에 걸리지 않았다고 해서 반드시 건강하다고만 볼 수 없는 것이 현대인의 질병 아닌 질병의 특징이다. 아마도 이것은 '제3의 건강 상태'라고 표현할 수 있을 듯한데, 이런 추세를 반영하듯 대다수 현대인들은 일상생활에서 건강관리에 적절한 예방이 필요하다는 사실을 인식하기 시작했다. 이런 인식에 더해 의료 기술이 발전하면서 자가진단과 홈 헬스케어를 지원하는 헬스케어 제품과 서비스 영역이 급성장하고 있다. 일반 소비자에 더더욱 확장되어야 할 시점에 와 있는 스마트 헬스케어 산업은 타 영역의 산업과 다양하게 융합되어 생활 속에 잠재된 질병을 예측하고 관리해, 더 아름답고 더 생산적인 삶을 구현하도록 도와줄 것이다.

> - 미래 징후 읽기
>   스마트 헬스케어 시장의 성장
> - 주요 소비자군
>   실버 세대, 신체적 질병, 결함이 있는 사람, 미병인
> - 주요 제공 가치
>   일상생활 주체로서 타인의 도움 없이 주체적으로 살아가기
> - 연관 산업 및 제품군
>   전자, 의료 서비스, 패션, 피트니스 산업

디자인 솔루션

▶ 생체 신호를 연결하여 자유로운 움직임을 지원하는 신체 보조 기기 디자인
▶ 실시간 건강관리를 지원하는 웨어러블 디바이스 디자인
▶ 일상 속 질병 치료를 지원하는 홈 헬스케어 제품 디자인
▶ 건강한 환경과 습관을 관리해주는 스마트 생활용품 디자인
▶ 지능형 센서와 바이오센서 융합으로 개인에게 맞춤화된 피트니스 트레이닝을 제공하는 웨어러블 디자인

디자인 씽킹 & 디자인 트렌드

As Ann steps out of bed, her weight is recorded by a Wi-Fi-enabled sensor under her floorboards.

As she brushes her teeth, sensors in the bathroom floor mat monitor pressure points in her feet to detect early signs of ulcers.

A patch on her arm monitors important signals such as:
- Heart rate
- Blood-oxygen level
- Blood pressure
- Glucose level

Sensors in the floor and along the wall register her gait to assess risk of falling.

Her diuretic medication contains a tiny sensor that signals her arm patch that she has ingested the pill.

The signals detected by all sensors are automatically transmitted via a secure wireless connection and stored in Ann's personal health record. She can see the data and allow others to access it.

헬스웍스 콜렉티브

글로벌 기업 지멘스 헬스 Simense Health 가 운영하는 '헬스웍스 콜렉티브 Health-works Collective '에서는 헬스케어와 관련하여 가까운 미래 생활상을 '더 월드 오브 센서 The World of Sensors '라는 제목으로 게재했다. 센서 기술이 진화함에 따라 칫솔, 바닥 매트 같은 일상 공간과 용품들에 센서가 삽입되어 굳이 병원에 가지 않아도 개인의 건강 상태를 실시간으로 모니터링할 수 있다. 이 밖에도 심박 수, 혈압 등을 모니터링하는 패치를 몸에 붙이면 상태에 따라 약이 필요한 상황을 알려준다. 이 모든 데이터는 개인 모바일로 전송되어 관리할 수 있다.

핸디

처음에는 군사 작
전 및 장애인 재활 목
적으로 개발됐던 보조
기기들이 최첨단 융합 기술과 접
목되어 의료 관련 기기로 확장, 발전해나가고
있다. 이런 기기들은 사회적 약자인 노인과 여성, 하반
신 마비 및 관절 환자들에게 신체 활동 시에 사용하는 보조 기
기로 쓰여 재활을 돕는다. 특히 외골격 슈트 디자인은 기능성 신소
재, 로봇 공학로 쓰여 오감 센서, 모바일 앱, 웨어러블 디바이스 등 다양한
기술과 결합되어 개발되며 일상생활에서 자유롭고 신속한 신체 활동을
지원한다.

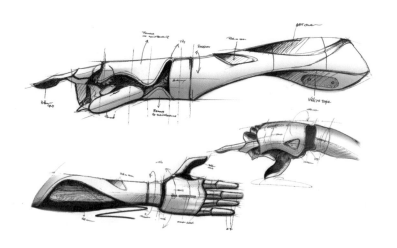

일본의 엑시Exiii 사에서 공개한 300달러 이하 가격의 바이오닉 암 '핸디Handiii'는 스마트폰을 두뇌로 사용한다. 대개 절단된 팔의 남은 부분에는 근육이 그대로 남아 있는데, 무선으로 피부 표면의 신호를 측정한 뒤 스마트폰의 컴퓨팅 파워를 사용해 사용자가 의도하는 움직임을 알아낸다. 이 기술 덕분에 제품의 가격이 더 저렴해질 수 있었다. 저가 정책 때문에 인체의 형상과는 차이가 있는 디자인이 되긴 했지만 보편화된 3D 프린팅으로 외부 디자인을 사용자가 교체할 수 있게 했다. 손가락 하나당 한 개의 모터를 사용했으며, 3D 프린팅으로 외부 케이싱을 제작하여 비용을 절감했다는 것이 가장 큰 장점이다. 몸이 불편한 사람들이 훨씬 저렴한 가격으로 바이오닉 암을 사용할 수 있게 했다.

엑소 슈트

미국 방위고등연구계획국DARPA 이 하버드 대학교 생물공학 연구소에 지원하여 개발한 엑소 슈트Exosuit 는 초기 근골격에 손상을 입은 군인을 위해 개발되었으나 일반인도 사용할 수 있도록 신체의 움직임을 보완했다. 군인들이 무거운 짐을 들고 전장에서 행군 또는 군수 물자를 조달할 경우 근육에 힘을 주지 않고도 무거운 물체를 손쉽게 들 수 있도록 도와주는 방식으로 새로운 기능성 텍스타일 기술이 사용되어 유동성이 높은 움직임을 지원해주는 파워 시스템과 부드러운 센서, 제어 기능이 장착되어 착용자의 힘과 움직임을 보완해준다. 이는 근력이 손상되거나 노후한 신체 부위에 힘을 더해줄 수 있는 웨어러블 인공 근육 디자인, 근육의 떨림을 방지하여 세밀한 작업이 필수인 직업군에 속한 사람들에게 직업 수명을 연장해주는 웨어러블 디바이스 제품으로 발전해나갈 가능성을 열어주었다.

스마트 홈, 스마트 시티
모든 것이 연결된 삶

스마트 혁명을 시작으로 촉발한 사물인터넷과 스마트 홈 생태계는 아직 초기 단계에 있지만,
관련 기술의 적용과 다양한 프로젝트를 통해 급속도로 발전을 거듭하고 있다.

《유엔 미래보고서 2045》에서는 밀레니엄 세대가 사회로 진출하면서 스마트 창조인들의 시대가 시작되고 있다고 전망한다. 이들은 스스로 원하는 일이나 일하는 방식을 선택하길 원하기 때문에, 100년 전에 만들어진 오전 9시~오후 5시 근무는 2030년이 되면 완전히 변할 것이라고 한다. 엄격한 규칙과 정규직으로 움직이는 일은 대부분 기계나 로봇이 대체하기 때문에, 스스로 자기 개발을 위해 더 많은 책임을 지며, 지속적으로 특정 기술이나 신기술을 배우게 될 것이라는 예측이다. 연쇄 창업가 캐롤라이 힌드릭스 Karoli Hindriks 는 이런 현상을 새바티컬 Sabbatical: 일상 업무를 벗어나 연구나 여행을 하는 안식 기간 에 빗대어 '자바티컬 Jobbatical '이라고 칭하며, 자바티컬이란 국제 고용 업체를 창업하기도 했다.

　지능적으로 도시의 효율성을 높여주는 스마트 시티의 구축도 눈여겨 볼 필요가 있다. 스마트 시티란 기존 도시에 스마트 플랫폼을 적용하여 도시의 효율성을 높이고 새로운 가치를 창출하는 것이다. 조사에 따르면 스마트 시티의 4가지 구성 요소인 스마트 에너지, 스마트 정부, 스마트 교통, 스마트 빌딩 중에서 특히 도시의 효율성과 직결되는 스마트 에너지가 4개 요소 중 가장 높은 비중을 차지하며 스마트 시티 시장 성장을 주도할 것으로 전망하고 있다.

　뿐만 아니라 스마트 시티는 극심한 교통 문제를 해소해줄 대안을 적극적으로 제시한다. 공상 과학 소설 속의 이야기로만 여겨지던 자율 주행 자동차는 2020년을 기점으로 급속한 상용화와 대중화를 맞을 것으로 전망된다. 시장조사기관 내비건트 리서치 ^{Navigant Research} 는 2035년까지 연간 9500만여 대의 자율 주행 자동차가 생산돼 승용차 매출액의 75%를 차지할 것이라는 전망을 내놓았으며, 모건스탠리는 2026년 모든 운전자가 자율 주행 자동차를 소유할 것으로 예상한다. 무인차가 널리 보급되면 카 셰어링 등이 더욱 활성화돼 사용자 편익이 증대되고, 공해나 교통 체증은 저하될 것이며, 자동차는 운송 수단을 넘어서는 역할을 할 것으로 기대하고 있다.

스마트 시티와 더불어 개인의 삶의 가치 향상에 기여하는 스마트 홈 시장도 가파른 성장세를 보이고 있다. 시장조사기관 GfK가 영국의 소비자 1000명을 대상으로 스마트 홈 서비스에 대해 설문 조사한 결과를 보면, 응답자의 76%가 "스마트 홈이 필요하다."라고 답변했지만 "스마트 홈을 구축하기 위해 비용을 지불하겠는가?"라는 답변에는 35%만 긍정적으로 답했다. 스마트 홈의 필요성은 공감하지만 이를 위한 예산 투입은 시기상조라고 느낀다는 뜻이다.

전문가들은 스마트 혁명을 시작으로 촉발한 사물인터넷과 스마트 홈 생태계는 아직 초기 단계이며, 시장에 확실한 비전을 피력하지 못했기 때문에 스마트 홈의 필수 기능들이 빠르게 생활로 파고들어 의미 있는 삶의 일부로 자리 잡아야만 이러한 문제들이 해결될 것으로 보고 있다.

트렌드 키워드 · 스마트 홈, 스마트 시티

사물인터넷이 열어갈 초연결·초협력 시대는 인간과 사물, 사물과 사물, 공간이 연결되어 인간의 삶을 더욱 편리하고 효율적으로 만들어줄 것이다. 스마트 홈이나 무인 자동차가 초기 시장에 진입하고 있어 15~20년 사이 본격적으로 시장이 확장될 것으로 보인다. 그때까지 현재의 생활 공간에 사물인터넷을 활용한 자동화 기능을 조금씩 더하는 디바이스 형태의 스마트 제품들이 진화된 형태로 출시될 것이다. 특히 공공 영역에서 효율적인 도시 공간을 구축하기 위해 연결 기술을 적용한 스마트 시티 프로젝트들이 다양하게 시도될 것으로 전망된다.

- 미래 징후 읽기
  초연결·초협력 시대를 여는 사물인터넷과 센서 기술 스마트 워킹, 스마트 홈, 스마트 시티
- 주요 소비자군
  1인 가구 또는 맞벌이 부부, 밀레니엄 세대
- 주요 제공 가치
  연결 기술로 진화된 집, 일터, 도시 공간에서 편리하고 효율적인 생활하기
- 연관 산업 및 제품군
  전자, 의료 서비스, 패션, 피트니스 산업가전, 전자, 운송, 공공 시스템

디자인 솔루션

- ▶ 실내 기기와 시스템을 연결하는 스마트 컨트롤러 디자인
- ▶ 집에서 모든 것이 이루어지는 서비스 연결 디자인
- ▶ 간편하고 쾌적한 가사 활동을 지원하는 스마트 키친 디자인
- ▶ 디지털 노마드를 위한 유연하고 효율적인 업무 공간 디자인

실내 기기와 시스템을 연결하는
스마트 컨트롤러 디자인

　　　　　구글은 2015년 '워크 위드 네스트 Works with Nest '를 통해 15종 이상의 새로운 네스트 호환 기기를 발표했다. 여기에는 스마트 도어락, 조명 제어 장치, 수면 모니터, IP 전화 등이 포함되어 있다. 구글은 네스트 온도 조절 장치가 실내 온도를 제어하는 것은 물론이고 가전 기기와 자동차 등 가정의 모든 사물을 관리하는 플랫폼으로 자리 잡는 것을 목표로 하고 있으며, 이를 기반으로 향후 새로운 비즈니스 추진이 예상된다.

에코

아마존은 2014년 11월 원통 형태로 생긴 에코 Echo 를 공개하며 내장 마이크를 통해 사용자의 음성을 인식하고 이에 맞는 정보와 기능을 제공한다고 소개했다. 최근 아마존은 에코가 위모 WeMo 의 스마트 스

위치와 필립스휴 PhilipsHue 의 스마트 전구와도 연동된다고 발표함으로써 스마트 홈의 중추 역할을 하는 컨트롤러로의 진화를 예고했다. 에코를 위의 제품들과 동기화시키고 나면 "커피 메이커를 켜줘", "거실 조명을 20%로 낮춰줘" 같은 음성 명령으로 실내 공간의 조명이나 전자 기기 작동을 관리할 수 있다.

홈미

네덜란드 기업 앳홈 Athome 이 개발한 스마트 컨트롤러 홈미 Homey 는 집 안의 모든 가전제품을 제어하는 컨트롤러로, 스마트폰 앱과 연동되며, 사용자의 위치를 파악해 집 안의 환경을 최적화해준다. 사용자의 음성을 인식하고, 질문을 통해 명령을 구체화하여 사용자의 요구 사항을 세부적으로 충족시

키는 역할을 하며, 기존 가전제품과도 연결이 가능하다. 사용자와 기기의 소통 방식이 단순한 음성 인식을 넘어 대화의 맥락을 이해하고 자연스러운 소통이 가능하도록 구현함으로써 더욱 정확한 서비스를 제공할 수 있다.

집에서 모든 것이 이루어지는 서비스 연결 디자인

앞에서 살펴본 사례처럼 집 안의 가전제품 또는 시스템과 유통 서비스가 연결되면 편리하고 효율적으로 집안일을 지원할 수 있다. 특히 지속적이고 반복적으로 구매하는 식료품과 생활용품의 경우, 구매부터 배송, 보관까지 사용자가 직접 챙겨야 할 부분이 많다. 사물 인터넷 기술과 융합되어 버튼 하나만 누르는 간편한 절차만으로 즉각적으로 주문이 가능한 초소형 단말기들이 출시되고 있다. 이런 기능들이 스마트 가전 자체에 통합되어 필요한 물품을 자동으로 파악해 주문 및 배송을 해주는 '자동 보충 서비스Auto Replenishment Service'로 발전할 전망이다.

아마존 대시 버튼

아마존은 2014년 자사 식료품 배달 서비스인 아마존 프레시Amazon Fresh 용 쇼핑 전용 단말기 아마존 대시를 출시한 데 이어 2015년 4월 단말기의 버튼만 클릭하면 제품 주문이 가능한 아마존 대시 버튼Amazon Dash Button 을 출시했다. 가정 소모품을 원클릭으로 주문하는 단축 아이콘 아마존 대시 버튼은 스캔 버튼과 마이크로 구성되어 있으며, 스캔 버튼을 눌러 LED 스캐

너로 제품의 바코드를 스캔하거나 음성 버튼을 눌러 구매하고자 하는 제품을 직접 입력할 수 있다. 이 정보는 아마존 프레시 쇼핑 리스트에 자동으로 업데이트되며, 아마존 프레시 사이트나 앱에서 결제하면 쇼핑이 완료되고 제품 배송은 다음 날에 완료된다.

포피 푸어오버

아마존의 인스턴트 리필 배송 서비스 대시 버튼 시스템이 적용된 커피 브루어 시스템 포피 푸어오버 Poppy Pour-over 는 스마트 시스템을 통해 애플리케이션 제어가 가능한 커피 추출 도구다. 커피 추출 세팅을 온

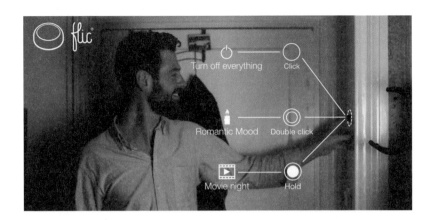

숏컷 랩스의 플릭은 버튼 하나로 집에서 영화를 보거나
택시를 부르는 것을 가능하게 해준다. 자동차 같은 곳에
붙여놓고 내비게이션을 실행하거나 옷에 붙여놓고 자
신의 위치를 공유할 수도 있다.

라인 커뮤니티를 통해 공유할 수 있으며, 잔량을 감지해 필요한 원두와
정수 필터, 커피 필터 등을 아마존에서 간편히 배달받을 수 있다.

플릭

숏컷 랩스Shortcut Labs의 플릭Flic은 스마트폰을 이용해 다양한 용도를 설정해
놓고 쓸 수 있게 해주는 버튼이다. 플릭의 장점은 스마트폰이나 리모컨과
달리 할당한 기능을 누르기만 하면 되는 간단한 조작법에 있다. 버튼 한
번만 누르면 집에서 영화를 보거나 택시를 부르는 것이 가능하다. 플릭
하나당 콜택시를 부르거나 문을 열거나 알람을 해주고 사진을 찍는 등 간
단하게 기능을 설정할 수 있다. 자동차 같은 곳에 붙여놓고 내비게이션을
실행하거나 옷에 붙여놓고 자신의 위치를 공유할 수도 있다.

이케아의 2025 미래 주방 콘셉트. 효율적인 공간 구성
과 음식물의 신선도 유지. 수납 용기의 온도와 습도를
무선으로 인식한다.

▌간편하고 쾌적한 가사 활동을
▌지원하는 스마트 키친 디자인

생활 규모가 작아지면서 멀티 기능의 인테리어,
가전제품의 수요가 증가하고 있다. 특히 음식과 요리의 중요성이 커지고
있는 시점에 부엌 공간을 편리하고 효율적으로 구성하는 것에 대한 관심

도 증가하고 있다. 음식물의 상태에 따라 지능적으로 신선도를 유지해주는 스마트 용기는 위생과 동시에 음식물의 낭비를 줄여줄 수 있는 대안이 될 수 있다.

식재료를 냉장고에 보관한 후 잊어버리는 바람에 유통기한이 한참 지난 뒤에야 음식을 버린 경우가 종종 있었을 것이다. 뒤에서 다시 한 번 소개하겠지만, 이케아는 2025년 미래 주방 콘셉트 중 한 가지로 이러한 문제점을 보완해줄 수 있는 주방을 제안했다. 수납 용기의 온도와 습도를 무선 인식^{RFID} 기능으로 관리하며 냉장고에 넣지 않아도 신선도를 유지하는 방식이다. 보이는 곳에 놓아 잊어버릴 염려가 없으며 신선 식품과 상온 보존 식품을 함께 보관할 수 있는 것이 특징이다.

멜드

모든 가정에는 가스레인지가 있다. 멜드 홈은 노브와 클립으로 구성된 멜드^{Meld}를 통해 가스레인지에 스마트 기능을 더하고 업그레이드할 수 있도록 디자인했다. 노브를 기존 가스레인지에 부착하면 자동화된 온도 조절

기능을 사용할 수 있다. 멜드 노브는 온도를 조절하는 중추 기기이며, 수동이나 자동으로 모두 작동된다. 멜드 클립은 냄비에 끼워 조리하고 있는 요리 온도를 측정할 수 있으며, 클립에서 측정된 데이터는 앱으로 전송된다. 앱은 두 기기를 모니터링하고 조절하며, 앱 자체가 보유한 레시피 데이터베이스를 통해 처음부터 끝까지 조리를 안내해준다.

나노팩

먹고 남은 음식물을 간편하게 보관하는 방법을 제공하는 나노팩^{Nanopack} 은 사각형 모양의 패키지 안에 있는 세밀한 크기의 나노 입자들이 스스로 재배열하고 새로운 형태를 만들어내는 능력을 가지고 있다. 남은 음식에 나노팩을 가져다 놓으면 스스로 펴지고 감싸서 알맞은 크기의 큐브 형태를 형성한다. 이 기술은 음식의 형태나 품질을 유지해주고, 밀폐 상태를 유지하여 식품의 수분 손실을 방지해준다. 이를 통해 비용을 절약하고 쓰레기도 감소시키는 효과를 볼 수 있다.

디지털 노마드를 위한 유연하고 효율적인 업무 공간 디자인

　　　　　　　　스스로 알아서 움직이는 무인 자율 운행 자동차 Self-Driving Car 기술의 발전으로 자동차는 이동 수단이라는 기능을 넘어서 개개인의 라이프스타일을 만족시킬 수 있는 새로운 공간으로 맞춤화되어가고 있다. 사무실에서처럼 업무나 회의가 가능하며 자신의 집처럼 편안하게 휴식 및 영화나 게임을 즐길 수 있다. 심지어 무인 운전 시스템으로 물류 배달도 가능하다.

워크 온 휠스

글로벌 디자인 기업 아이데오IDEO 에서 '자동차의 미래The Future of Automobility '라는 제목으로 미래 자동차의 3가지 콘셉트를 제시했다. 그중 하나인 워크 온 휠스Work On Wheels 는 무인 자동차의 대중화로 자동차가 이동식 사무실 형태로 진화한 것이다. 사무실이 아닌, 영감을 불러일으킬 수 있는 새로운

타미 힐피거의 디지털 쇼룸. 각 아이템을 디지털로 보고
맞춤 주문할 수 있다. 또한 트렌드 룩과 디테일한 부분
까지 확대할 수 있어서 디자인 특징과 제품 상세 정보
까지 확인이 가능하다.

장소에서 미팅을 하거나 업무를 볼 수 있으며, 여러 대의 자동차를 연결
하면 공간 확장도 가능하도록 디자인되었다.

타미 힐피거 디지털 쇼룸

타미 힐피거 Tommy Hilfiger 는 네덜란드 암스테르담 본사에서 디지털 쇼룸 콘
셉트를 론칭했다. 디지털 쇼룸은 대화형 시스템으로 완벽한 터치스크린
인터페이스를 통해 컬렉션 정보 및 영업 툴과 브랜드 콘텐츠까지 제공한
다. 쇼룸 중앙에는 대화형 터치스크린 테이블이 놓여 있으며 고객들은 타
미 힐피거의 제품 컬렉션에 대한 각 아이템을 디지털로 보고 맞춤형 주문
을 할 수 있다. 또한 트렌드 룩과 디테일한 부분까지 확대할 수 있어서 디
자인 특징과 제품 상세 정보까지 확인이 가능하도록 했다.

프레이트라이너의 인스피레이션 트럭은 미리 지정해둔
루트를 따라 무인 운전이 가능하다. 무인 운전 중에는
외부에 파란색 LED 조명이 켜져서 다른 운전자들이 식
별할 수 있다.

무인 운전 트럭

미국의 트럭 회사 프레이트라이너Freightliner가 공개한 인스피레이션 트럭
Inspiration Truck. 무인 운전 트럭은 도심을 빠져나올 때까지는 트럭 운전사가 직접 운
전을 하고, 고속도로로 나오면 스티어링 휠의 버튼을 눌러서 무인 운전
모드로 변환할 수 있다. 트럭의 소프트웨어는 운전사가 미리 지정해둔 루
트를 따라가며, 때에 따라서는 여러 개의 루트 중 최적의 루트를 선택해
이동하기도 한다. 무인 운전 모드로 운행될 때에는 차량의 바깥에 파란색
LED 조명이 켜져 다른 운전자들의 식별을 돕는다. 트럭 운전자는 태블릿

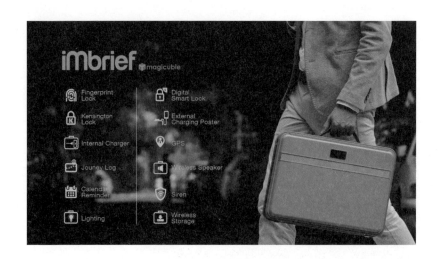

과 연동되는 물류 운송 관련 정보, 현재의 운송 진행 상황과 각종 안내 정
보를 받아볼 수 있다.

아임브리프

매직큐비 Magicubie 의 아임브리프 iMbrief 는 남성 또는 비즈니스맨을 타깃으로
모바일 오피스를 지원하는 서류가방 디자인이다. 모바일 오피스에서 필
요한 각종 편의 기능을 담고 있는 이 스마트 서류가방은 내장 배터리와
충전기로 스마트폰이나 노트북 PC를 사용할 수 있으며, GPS를 내장하여
사용자의 이동 경로를 기록한다. 또한 사용자가 등록한 지문으로 가방을
열고 닫을 수 있으며 사용자가 멀어지면 자동으로 잠기는 스마트 락 기
능이 있다. 가방을 열면 조명이 켜지는 인테리어 라이팅과 무선 스피커가
있고, 심지어 무선 데이터 저장 장치로 쓸 수도 있다.

안전하고 효율적인 스마트
시티 디자인

사물인터넷을 적용한 도로, 대중교통은 효율적인 교통 시스템을 구현함과 동시에 실시간으로 변화하는 도시의 정보를 수집 하는 수단이 될 수도 있다. 도시 곳곳을 움직이는 교통수단이나 도로 시스템을 통해 그때그때 해당 지역의 환경 정보와 인구 이동 정보 등을 저장하고 축적하면 향후 빅데이터 분석으로 도시 개발 및 도시 서비스 개발에 유용하게 활용할 수 있을 것이다.

아이피니티 비콘

아이피니티 Ifinity 의 비콘은 에스티모트와 동일한 방식으로 사용되는 블루투스 비콘이다. 사용자의 스마트폰이 일정 범위 안에

들어오면 정보를 전달하거나 교류를 통해 서비스를 제공하는데, 기존 비콘과 다른 점은 아이피니티의 목적이 스마트 시티 구축에 있다는 것이다. 특정 상점이나 서비스 공간뿐 아니라 도시 전체에 블루투스 비콘을 설치해 심리스^{seamless. 지역과 지역 간의 경계가 없음} 서비스를 구현하는 것이다.

기술과 디자인의
창조적 만남

이제 '소비자'는 생산에 참여하는 '프로슈머'로 진화하고, 누구나 '크리에이터'가 '생산자이자 기업가'가
될 수 있는 시대가 열리고 있다. 전문가들의 영역이던 코딩이나
기술적이고 과학적인 DIY들이 교육의 영역으로 더욱 확산될 것이다.

국내 이러닝 시장은 2013년 2조 9470억의 매출을 기록하며 전년 대비 7% 증가했다. 학교뿐만 아니라 유아 및 성인 시장에서도 ICT 활용도가 증가할 것으로 예상된다. 이러닝은 사물과 사람이 모두 연결되는 '커넥티드 러닝Connected Learning'으로 진화할 것이다. 학생은 더 이상 교육의 객체가 아니며, 교육 방식은 학생과 교사 간 또는 학생 간 연결이라는 상호 작용이 강조될 것이다.

스마트 기술이 적용된 에듀테인먼트가 활성화되면서 장난감 시장에도 변화가 일어나고 있다. 미국의 시장조사기관 NPD 그룹의 보고서에 따르면 전통적인 장난감들이 실적 면에서 고전을 면치 못하는 가운데 IT 장난감들이 눈에 띄는 판매 성장을 기록했다. IT 장난감과 유사하면서도 다른

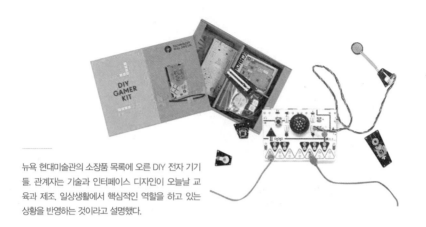

뉴욕 현대미술관의 소장품 목록에 오른 DIY 전자 기기들. 관계자는 기술과 인터페이스 디자인이 오늘날 교육과 제조, 일상생활에서 핵심적인 역할을 하고 있는 상황을 반영하는 것이라고 설명했다.

개념인 토이 게임도 주목받고 있는데, 실물 장난감을 NFC나 증강현실 기술 등과 결합해 비디오 게임과 장난감 완구 산업이라는 이종 분야를 융합한 것이다. 인터프릿Interpret 의 조사에 따르면 토이 게임을 원하는 6~12세 어린이 수가 전 세계적으로 7200만 명을 넘어서고 있으며, 중국, 브라질, 러시아 같은 신흥 국가에서는 90% 이상의 게임 유저가 6~12세 사이의 어린이로, 토이 게임의 성장 가능성이 매우 높다.

최근 전 세계 교육계에 큰 전환점이 되고 있는 소프트웨어 교육과 코딩 교육은 단순히 IT 인재 육성이라는 목표를 넘어서 디지털 시대에 생각의 방식과 문제 해결 방식을 가르치기 위해 이미 많은 국가에서 필수 교육과정으로 도입하고 있다. 코딩 교육의 핵심은 컴퓨터나 디지털 기기를 있는 그대로 활용하는 것을 넘어 창조적으로 파괴하고 새

> **메이커스 무브먼트**
>
> 간단한 수공예 분야부터 첨단 기술까지 여러 분야에서 직접 제품을 제작해서 쓰려는 경향. 실리콘밸리를 중심으로 널리 확산되기 시작했다. 대기업이 독점하고 있던 '제조 장비'에 개인이 점점 더 쉽게 접근할 수 있게 되면서 더욱 성장하고 있다.

로운 솔루션을 개발하는 데 있다. 이는 최근 단순한 DIY를 넘어서서 창조적으로 만들고 개발하는 '메이커스 무브먼트 Maker's Movement'로 진화하는 사회문화적 현상과도 맥을 같이한다.

　뉴욕 현대미술관MoMA이 소장품 목록에 DIY 전자 기기들을 올려 화제가 된 적이 있다. 관계자는 기술과 인터페이스 디자인이 오늘날 교육과 제조, 일상생활에서 핵심적인 역할을 하고 있는 상황을 반영하는 것이라고 설명했다. 미술가와 디자이너, 메이커 문화 애호가와 전문인, 어린이, 아마추어 등 많은 사람들이 전자공학의 영역이라 여기던 코딩과 프로세스에 흥미를 갖고 쉽게 접근할 수 있도록 만들어주는 인터페이스 디자인의 중요성이 부각되고 있는 것이다.

트렌드 키워드 · **프로슈머, 메이커스 무브먼트**

단순히 매뉴얼에 따라 직접 만드는 것을 즐기는 DIY족들에서 발전하여 기존 매뉴얼을 파괴하고 자신의 필요와 취향에 맞게 새로운 것을 창조해내는 사람들이 증가하고 있다. 이제 소비하는 사람인 '소비자'가 아닌 생산에 참여하는 '프로슈머'로 진화하고, 3D 프린팅 기술의 발전으로 누구나 '크리에이터'가 '생산자이자 기업가'가 될 수 있는 시대가 열리고 있다. 특히 디지털 키즈 세대에게 '창의적인 만들기'는 교육과 놀이의 기본이자 핵심이다. 전문가들의 영역이던 코딩이나 기술적이고 과학적인 DIY들이 교육의 영역으로 확산될 필요가 있다.

- 미래 징후 읽기
  3D 프린팅 기술과 '개인 제조' 시대, 디지털 키즈들의 체험형 교육과 메이커스 무브먼트
- 주요 소비자군
  키즈 세대, DIY에 관심이 많은 사람
- 주요 제공 가치
  개인의 창의적인 능력을 향상시키면서 즐길 수 있는 여가 활동 지원
- 연관 산업 및 제품군
  장난감, 교육 분야, 생활용품 산업

디자인 솔루션

▶ 개인에게 맞춘 창조적 활동을 지원하는 디자인
▶ 디지털 세대를 위한 DIY 교육용 코딩 키트 디자인

디자인 씽킹 & 디자인 트렌드

개인에게 맞춘 창조적 활동을 지원하는 디자인

이케아 해커스^{IKEA Hackers} 는 소비자가 이케아에서 제공되는 DIY 매뉴얼을 깨고 자발적으로 자신의 필요와 취향에 맞게 제품을 완성시키고 그 정보를 공유하는 단체다. 이에 착안하여 사용자의 창의적인 제품 사용과 DIY를 활성화해주는 마케팅과 디자인이 등장하고 있다. 기존 제품을 사용자가 참여하여 새롭게 변화시킬 수 있도록 사용법을 재창조할 수도 있고, 부가 옵션 제작을 통해 디자인을 변경시킬 수도 있어 3D 프린팅을 활용한 사용자 중심의 다양한 제작 방법도 고려해볼 필요가 있다. 이러한 마케팅과 디자인은 장기적으로 브랜드에 대한 즐거운 경험으로 애착심을 증대시킬 수 있다

택트 프로젝트

택트 프로젝트^{Takt Project} 는 가구나 제품의 성격을 바꿀 수 있는 3D 프린

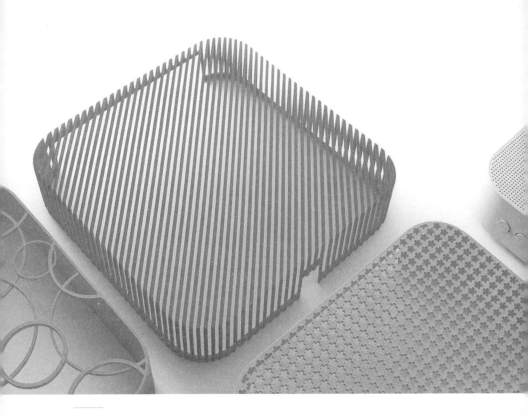

3D 프린팅 프로젝트 택트. 사용자 중심의 다양한 제품
연출이 점점 더 수월해지고 있다.

팅 프로젝트다. 다양한 색깔과 형태로 3D 프린팅된 마감재 모듈로 구성
되어 있으며, DIY를 목적으로 사용자가 실생활 패턴에 맞춰 가구나 제품
을 변형해 사용할 수 있다. 알람 시계가 노란색 모듈을 만나 벽시계로, 반
투명한 파일 박스가 파란 모듈과 연결되어 책꽂이로 완성되는 방식이다.
기성 제품을 3D 모듈 하나로 재구성하여 새로운 기능을 가진 제품으로
연출할 수 있다는 큰 장점을 가지고 있다.

개인 맞춤형 3D 프린팅으로 차체를 성형한 전기차 스
트라티. 일반 자동차와 비교해도 전혀 손색이 없는 내구
성을 지녔다.

스트라티

3D 프린팅으로 차체를 성형한 전기차 스트라티^{Strati}는 미국 공작 기계 업
체 신시내티^{Cincinnati} 사와 국립 연구소 ORNL^{Oak Ridge National Laboratory}가 함께 개
발한 것이다. 차체의 주성분은 ABS 수지. 여기에 강도를 높일 목적으로
13~20%의 탄소섬유를 혼합했다. 2015년 4월부터 주문을 받아 생산하고
있으며, 대량 생산이 아닌 개개인 맞춤형 자동차로 DIY가 가능하다.

로스트 러기지 프로젝트

핀란드 작가 얀네 키타넨^{Janne Kyttanen}의 3D 프린팅 프로젝트인 로스트 러
기지^{Lost Luggage}는 3D 프린터 업체와 함께 미래의 여행에 대한 비전을 제시

3D 프린팅의 한계는 과연 어디까지일까? 로스트 러기
지 프로젝트는 가방, 신발, 핸드백, 스웨터와 시계까지
만들어 사용하는 라이프스타일을 제안했다.

했다. 작가는 "우리가 필요로 하는 모든 것이 파일로 축소되고, 어느 장소
에서든지 재생산될 수 있다면, 사물과의 관계가 어떻게 바뀔지 상상해 보
라."라고 말하며 소유의 의미에 대해 다시 생각해보자고 제안한다. 이 프
로젝트를 살펴보면 3D 프린터가 할 수 있는 것에 한계가 없는 듯하다. 스
웨터, 가방, 원피스뿐만 아니라 신발, 시계, 핸드백까지 정교하게 생산함
으로써 여행할 때 크고 무거운 짐 가방 대신 3D 프린터 하나로 모든 것을
해결할 수 있는 라이프스타일을 제안했다.

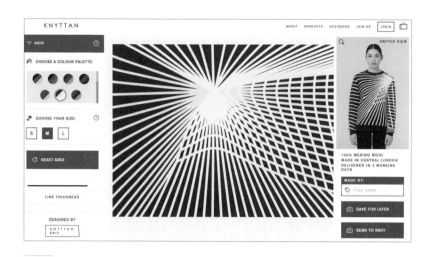

소비자가 직접 자신이 입을 옷의 패턴을 만들어서 주문
하면 그대로 직조기에서 뽑아내 보내주는 개인 주문 의
류 숍 니탄. 세상에 단 한 벌밖에 없는 옷을 주문할 수
있다는 강점이 소비자에게 큰 인기를 끌고 있다.

니탄

영국의 니탄^{Knyttan}은 개인 주문으로 제작되는 의류 숍이다. 소비자는 태블
릿을 이용해 의류 디지털 패턴을 선택한다. 모든 디지털 패턴은 니티스케
이프^{Knitiscape}, 스트림^{Stream}, 그리드^{Grid} 등으로 디자인되어 있지만 소비자가
자유로운 방식으로 변경할 수 있다. 니탄은 이 데이터를 직조 기기에 입력
하여 스웨터나 머플러 등을 뽑아낸다. 소비자가 원하는 디자인을 결정하면
니탄은 출력과 제작만 맡아 처리한다.

101 터치

사용자의 필요에 따라 키 배열을 바꿀 수 있는 터치스크린 형태의 키보드. 기본적으로 키보드와 터치패드 조합이며, 게임이나 음악 편집, 프로그램 코딩 등 사용자의 사용 목적 및 환경에 맞춰 변경해 사용할 수 있다. 사용자들이 개발한 소스를 적용해 커스터마이징이 가능하다. 물리적 인터랙션이 없는 터치 키보드의 단점이 존재하지만, 이를 보완할 터치패드용 트리거trigger나 키보드 커버를 더해 사용성을 증가시킬 수 있다.

디지털 세대를 위한 DIY
교육용 코딩 키트 디자인

초소형 센서와 컴퓨터가 삽입된 다양한 키트나 프로그램이 개발된다면 최근 국내에서도 큰 관심을 끌고 있는 코딩과 프로그래밍을 누구나 쉽고 재미있게 습득할 수 있을 것이다. 비주얼 프로그래밍 도구를 통해 어려운 코드 텍스트들을 직관적으로 인지하고 흥미를 느낄 수 있는 이미지로 전환해주는 인터페이스 디자인은 필수다. 이를 위해 아이들이 좋아하는 다양한 캐릭터를 개발하거나 기존 캐릭터들을 연계한 아이콘 디자인이 적용되어야 하며 아이들이 자신만의 캐릭터를 직접 만들고 캐릭터를 활용한 이야기와 게임을 창작할 수 있도록 해준다면 더욱 좋을 것이다. 특히 미취학 아동을 타깃으로 하는 경우에는 모든 프로세스에서 텍스트를 최소화하고 이미지와 애니메이션으로 화면을 구성하여 코딩을 머리로 배우기 전에 직관적으로 경험할 수 있도록 해주어야 한다.

오픈 토이

프랑스의 3D 프린트 전문 회사 르펩숍 le FabShop 이 만든 오픈 토이 Open Toys 는 여러 가지 야채와 작은 액세서리들로 창의력과 상상력을 길러주는 6개 부품 세트를 3D 프린팅으로 제작한 것이다. 바퀴, 날개, 프로펠러, 조종석 등의 조각들로 구성되어 있어 채소, 과일과 결합해 다양한 장난감을 만들 수 있도록 했다. 사물에 대한 이해도를 쉽게 높이는 동시에 인공과 자연의 것을 결합하게 함으로써 유연한 사고와 창의력을 발달시킬 수 있다.

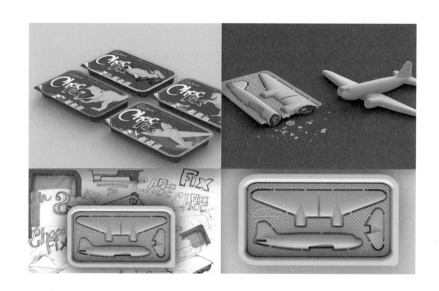

초콜릿 에어픽스

센트럴 세인트 마틴스 예술대학 출신의 로버트 쿠퍼^{Robert Cooper}는 아이들을 열광시키기에 충분해 보였다. 그는 과자 회사 캐드버리^{Cadbury's}와 협업을 통해 초콜릿과 웨이퍼로 이루어진 프라모델 형태의 과자 키트 초콜릿 에어픽스^{Chocolate Airfix} 4종을 선보였다. 프라모델 부품 형태로 디자인된 과자들은 비행기, 자동차, 말, 공룡을 만들고 먹을 수 있으며, 공룡 모양의 패키징을 스마트폰이나 태블릿으로 투영하면, 과자 박스 위에 3D 입체 모양의 공룡 형상이 나타나는 쉽고 간단한 방식의 액션을 선보였다.

경계의 초월,
경험의 확장

소유보다 경험이 중요해지는 경험 소비 중심의 사회로 변화하고 있다.
증강현실, 가상현실 등의 기술은 게임과 엔터테인먼트 분야에서 두각을 드러내고 진화할 것이다.

정보통신기술센터에 따르면 증강현실 시장은 2016년 5억 달러에서 2020년 에는 1200억 달러로 크게 성장할 전망이다. 애플은 2015년 5월 증강현실 솔루션 개발 업체 메타이오^{Metaio} 를 인수했으며, 페이스북 자회사인 오큘러스 VR 역시 쉬르리얼 비전^{Surreal Vision} 을 인수하며 증강현실에 관심을 드러냈다.

가상현실, 증강현실 기술은 다양한 분야로 확산되고 있으며, 특히 게임과 엔터테인먼트 분야에 새로운 변화를 일으키고 있다. 미래창조과학부와 문화체육관광부의 지원을 받아 KT, 디스트릭트 등과 YG의 콘텐츠가 결합하여 세계 최초 K-POP 홀로그램 공연장 클라이브^{Klive} 를 선보인 사례도 있다. 클라이브는 포토존 촬영, 어트랙션 체험^{AR, 시크릿 윈도 등}, 전시 공간 관람, 홀로그램 공연 관람 순으로 체험할 수 있도록 설계되었다.

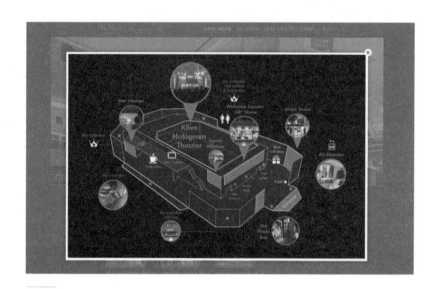

최초의 K-Pop 홀로그램 전용관, 클라이브. 실제 콘서트를 보는 듯 실감나는 3D 입체 영상 공연을 즐길 수 있다. 포토존도 마련되어 있어 스타와 함께 사진을 찍는 듯한 경험을 제공한다.

영국의 록 밴드 카사비안Kasabian은 360도 비디오 및 오디오 기술을 활용한 공연을 선보여 주목받기도 했다. 이들은 2014년 겨울 브릭스턴Brixton에서 진행된 클럽 공연을 360도 비디오 및 오디오 기술로 구현한 영상을 공개했는데, VR 카메라를 장착한 사람들은 가장 좋은 자리에서 카사비안의 공연을 즐기는 것처럼 생생한 콘서트 체험을 할 수 있도록 했다.

기술을 통해 역사와 고전을 새롭게 경험하게 하는 아트 프로젝트도 차세대 엔터테인먼트 산업의 유망주다. 기술의 발전은 미래를 지향하지만, 과거의 위대한 유산과 역사를 새롭게 경험하게 하는 역할을 하기도 한다. 2015년 11월 파리 기후변화협약 회의에 맞춰 제안된 인터랙티브 아방가

원 비트 원 트리는 파리의 역사적 건축물 파사드에 가상
의 나무가 자라는 영상을 비춘다. 시민의 스마트폰 앱과
연동하여 참여자 수가 많을수록 나무도 더 많이 자란다.

로드 설치 미술 '원 비트 원 트리One Beat One Tree'는 파리의 역사적 건축물인
파사드에 가상의 나무가 자라는 모습을 투영하여 보여주었다. 이 나무는
스마트폰 앱과 일반인 참여자들의 심장박동을 연동하는 프로젝션 매핑
Projection Mapping으로 구현, 참여하는 사람들이 많을수록 더 많은 나무가 자라
는 모습을 볼 수 있다. 산업 근대화와 발전상에 자연을 융합하여 대도시가
마치 대자연의 가상 세계 공간으로 확장된 듯한 경험을 제공한 것이다.

빈센트 반 고흐의 고향인 네덜란드 브라반트에는 반 고흐 타계 125주
년을 맞아 '별이 빛나는 밤'을 닮은 자전거 도로를 설치했다. 네덜란드의
예술가 단 로세하르데Daan Roosegaarde가 만든 약 1km 길이의 이 자전거 도로

는 빛나는 야광 조약돌과 태양열 LED 조명으로 이뤄져 있다. 스마트 도료를 이용해 빛을 발산하는 돌 5만 개를 만든 뒤 마르지 않는 상태의 콘크리트에 넣어 소용돌이 같은 점이나 바람 같은 패턴을 그린 것이다. 이런 기술의 활용은 현재의 공간 속에 과거의 유산과 미래지향적인 기술이 만나 시간의 경계를 넘어서는 듯한 환상적인 경험을 제공한다.

트렌드 키워드 · 증강 현실, 가상현실

제품을 소유하기보다는 경험하는 것이 중요해지는 경험 소비 중심의 사회로 변화하고 있다. 특별한 경험을 제공하기 위해 기존의 제품과 서비스에 새로운 감각 요소를 더하거나 오감을 모두 자극하는 복합 감각 기능을 더하는 사례가 증가하고 있다. 또 스마트폰의 대중화로 증강현실을 경험하는 것이 쉬워졌고, 오큘러스 VR 기술이 진화하면서 가상현실을 통해 기존과는 완전히 다른 몰입을 이끌어낼 수 있게 되었다. 가상현실. 증강현실 기술은 특히 게임과 엔터테인먼트 분야에 새로운 변화를 일으키고 있어 여가 활동을 좀 더 다양하고 풍부하게 만들어줄 것으로 예측된다.

- 미래 징후 읽기
  초현실적인 경험을 제공하는 엔터테인먼트 시장, 기술을 통해 역사와 고전을 새롭게 경험하게 하는 아트 프로젝트
- 주요 소비자군
  적극적으로 여가와 스포츠 활동을 즐기는 사람들
- 주요 제공 가치
  기존의 여가, 스포츠 활동을 새롭게 경험하기
- 연관 산업 및 제품군
  스포츠, 엔터테인먼트 산업, 박물관·미술관 같은 문화 시설

디자인 솔루션

▶ 감각적 요소를 더해 새로운 경험을 제공하는 디자인
▶ 하이테크와 결합되어 과거와 현재가 소통하는 헤리티지(Heritage) 디자인
▶ 가상현실로 새로운 경험을 선사하는 엔터테인먼트 디자인

디자인 씽킹 & 디자인 트렌드

감각적 요소를 더해 새로운 경험을 제공하는 디자인

증강현실이나 프로젝트 영상으로 다른 인테리어 용품이나 디자인을 더하지 않고 매번 다른 환경을 경험하게 해주는 디자인이 등장하고 있다. 특히 고객에게 새로움을 제공해야 하는 상업 공간이나 놀이 시설, 스포츠 공간에서 이러한 기술을 적용하여 비주얼 효과를 극대화해 감각적이면서도 희소성 있는 공간을 연출하고 사용자의 오감을 자극하는 새로운 경험 제공이 가능하다.

Double Space for BMW

2014. 런던 디자인 페스티벌에서 빅토리아 앨버트 박물관에 설치된 작품으로 영국의 듀오 디자이너 바버와 오스거비 Barber & Osgerby 가 BMW의 후원

을 받아 작업한 것이다. 라파엘로 갤러리 천장에 설치한 11m x 8m 크기에 6톤짜리 거대한 반사판 2개는 수많은 매체와 관람객에게 회자된 화제작이 되었다. 반사판이 천천히 움직이며 예술 작품과 공간을 비추고, 역사적인 공간 속에 적용된 기술이 현재 관람객의 움직임을 반영하여 미래 지향적인 경험을 제공해주었다.

히비키 글라스

일본 산토리^{Suntory}는 히비키^{Hibiki} 라인의 인터랙티브 위스키 글라스를 선보였다. 혁신적인 센서 기술과 일본 전통 디자인이 어우러진 위스키 글라스는 터치 센서, 마이크, 가속도계가 부착되어 있으며 표면에는 아름다운 문양이 그려져 있다. 술잔 만지기, 흔들기, 마시기, 기울이기, 불기 등에 따라 바^{bar}의 배경이 봄 여름 가을 겨울 사계절 특징에 맞게 변한다. 봄 상태에서 술잔 모서리 부분을 터치하면 수묵화 벚꽃이 그려지고, 옆면을 불면 벚꽃 잎이 흩날리는 식이다. 스피커와 프로젝션, 컵이 상호 작용하면서 사용자의 기분이나 술잔을 잡는 방법에 따라 공간 분위기를 연출하는 것이다.

아로마포크

분자 요리 관련 상품과 레시피를 판매하는 몰큘 알^{Molecule-R}이 제작한 향기나는 아로마포크^{Aromafork}는 뒷면 홈이 파인 압지와 21가지의 음식 향 오일 패키지로 구성되어 있다. 홈에 압지를 넣어 원하는 음식 향을 한 방울씩 떨어뜨리면 똑같은 음식의 색다른 맛과 식감을 경험할 수 있다. 향은 스모크, 치즈 케이크, 풍선껌 등으로 구성되었다.

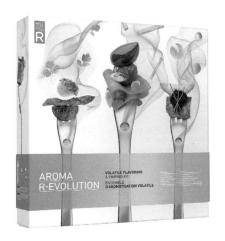

하이테크와 결합되어 과거와 현재가 소통하는 헤리티지^{Heritage} 디자인

현실 공간 속에서 과거를 경험하고 체험할 수 있도록 해주는 프로젝트들이 증가하고 있다. 증강현실이나 위치 기반 기술을 통해 유서 깊은 공간, 역사적 장소에 담긴 기록들과 사용자를 연결해주며, 과거 모습을 그대로 재현하는 그래픽 디자인 등으로 생생한 현장을 보여준다. 이런 기술을 통해 박물관이나 미술관 등에서 개별 맞춤화된 가이드 투어가 가능할 것이며, 물리적인 공간이 아닌 가상공간의 디자인을 통해 더욱 다채롭고 인터랙티브한 사용자 경험을 제공할 수 있다.

돔언더

네덜란드의 역사적 잔재가 고스란히 담겨 있는 돔언더^{DOMunder}를 3D로 재구성한 것이다. 손가락이 서로 맞물린 형태의 출입문에 들어서면 1674년 격변으로 만신창이가 된 돔 성당^{Domkerk} 역사의 잔존물들을 볼 수 있다. 사

21세기에 17세기 네덜란드 역사의 현장을 생생하게 느
낄 수 있다. 이것이 가능했던 이유는 증강현실 기술의
발전에 있다.

료를 바탕으로 조사에 착수한 뒤 3D 재구성을 통해 파손된 잔존물을 복
원했는데 크기가 350m²에 깊이가 4.7m에 달한다. 21세기를 살고 있는 사
람들이 17세기 네덜란드의 생생한 현장을 방문하는 경험을 제공한다.

리빙 히스토리 앱

캔자스시티의 유니언 역에서 100주년을 기념하는 어플 리빙 히스토리
Living History: Union Station 를 선보였다. 증강현실과 위치 기반 기술을 이용, 도시

리빙 히스토리 어플로 증강현실, 위치 기반 기술을 이용해 유니언 역과 관련한 지난 100여 년간의 역사를 손안에서 만날 수 있다. 역사의 현장으로 사용자를 초대하는 흥미로운 경험을 제공한다.

곳곳에 설치된 비콘Beacon을 통해 유니언 역 주변에서 100년 동안 발생한 역사적 사건과 유명 인사들을 만날 수 있다. 증강현실로 구현된 월트 디즈니, 어니스트 헤밍웨이와 함께 사진과 영상을 촬영하고 자신의 소셜 미디어에 업로드할 수 있다. 증강현실을 이용하여 생생한 역사를 체험할 수 있도록 한 것이다.

모바일을 이용한 인터랙티브 인스톨레이션 프로젝트.
파리 생테스타슈 교회에서는 사람들이 원하는 위치에
레이저를 쏘아 별자리를 만들 수 있다.

'생각을 쏘다' 프로젝트

스마트폰을 이용해 별자리를 생성할 수 있는 인터랙티브 인스톨레이션 프로젝트다. 파리 생테스타슈Saint-Eustache 교회에 레이저를 설치하여 사람들이 원하는 경로에 별자리를 만들 수 있도록 제작된 것으로 자신의 생각을 모바일에 입력한 뒤 원하는 위치에 레이저를 쏘아 신비로운 별을 만들 수 있다공식 명칭은 Shooting Thoughts Project. 고딕 건축과 신비로운 빛이 만나면서 환상적이고 아름다운 분위기를 연출하는데, 교회라는 공간에서 사람들의 생각으로 만들어진 별들이 만나 커다란 디스플레이로 재탄생되는 모습이 매우 인상적이다.

가상현실로 새로운 경험을
선사하는 엔터테인먼트 디자인

몰입형 360도 서라운딩 오디오와 비디오 기술의 발전은 가상현실을 경험하게 해주면서 미디어와 엔터테인먼트가 어떻게 상호 작용할 수 있는지에 대한 새로운 가능성을 제공해주고 있다. 게임 영역에서 시작된 가상현실 경험의 영향은 콘텐츠를 소비하는 방식부터 교육에 이르기까지 새로운 라이프스타일로의 변화를 유도하고 있다.

라이드온

라이드온 RideOn 은 스키와 스노보딩에 최적화된 증강현실 고글이다. 기기 자체보다는 UI 사용자 인터페이스 를 주의 깊게 살펴볼 필요가 있는데, 그 특징을 살펴보면 첫째, 아이 트래킹 인터페이스로 각종 기능을 시선으로 쉽게 선택할 수 있어서 스포츠를 즐기면서도 편리하게 사용할 수 있다. 둘째, 스키 코스 위에 디지털 그래픽을 덧씌워 게임을 할 수 있다. 셋째, 스키장의

아폴로 11호가 달에 착륙한 상황을 가상현실로 느껴볼
수 있는 콘텐츠. 엔터테인먼트의 차원을 넘어 교육 목적
으로도 활용이 가능하다.

다른 친구들과 디지털 그래픽으로 교류할 수 있으며, 스키 코스 위에 내
비게이션 그래픽을 덧씌워 길 찾기가 용이하다.

아폴로 11호 가상현실 체험

가상현실 교육 콘텐츠 제작 스타트업 이머시브 VR 에듀케이션Immersive VR
Education 은 아폴로 11호가 달에 착륙한 당시를 가상현실로 느껴볼 수 있는
콘텐츠를 제작했다. 존 F. 케네디의 우주 개발 추진에 대한 연설부터 아폴
로 11호의 내외부와 우주 비행 당시의 모습, 닐 암스트롱이 달에 첫발을
디디며 한 명언까지 모두 생생하게 체험할 수 있다.

하도

일본의 스타트업 멜리프 Meleap 는 헤드 마운티드 디스플레이 HMD 와 스마트 워치를 사용해 플레이하는 증강현실 게임 하도 Hado 를 출시했다. 게임이지만 디지털 기술을 통해 실제로 사용자의 움직임을 유도하기 때문에 증강현실과 웨어러블 단말기의 센서 기술을 활용한 차세대 스포츠라고 볼 수 있다. 스마트 워치로 동작을 인식시키면 움직임에 따라 광선이 발사된다. 옆으로 움직이면 체력이 회복되기도 한다. HMD를 착용하면 동작에 따라 실제 광선이 보이고 몸으로 진동이 전해지기 때문에 상당한 리얼리티를 확보할 수 있으며, 여러 명이 함께 게임할 수도 있다.

SUMMARY

2장 디자인에서 시작되는 기술 혁신의 미래

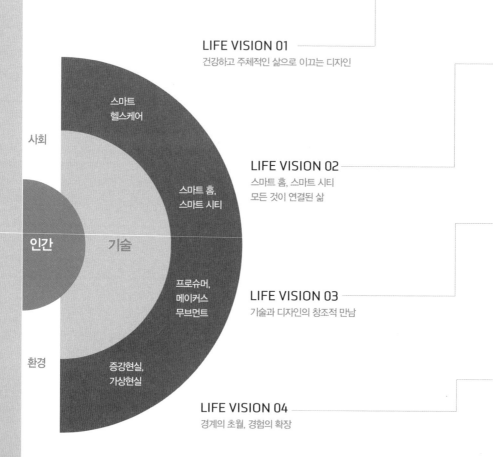

LIFE VISION 01
건강하고 주체적인 삶으로 이끄는 디자인

LIFE VISION 02
스마트 홈, 스마트 시티
모든 것이 연결된 삶

LIFE VISION 03
기술과 디자인의 창조적 만남

LIFE VISION 04
경계의 초월, 경험의 확장

사회

인간   기술

환경

스마트
헬스케어

스마트 홈,
스마트 시티

프로슈머,
메이커스
무브먼트

증강현실,
가상현실

► DESIGN SOLUTION 01

생체 신호를 연결하여 자유로운 움직임을 지원하는 신체 보조 기기 디자인

실시간 건강관리를 지원하는 웨어러블 디바이스 디자인

일상 속 질병 치료를 지원하는 헬스케어 제품 디자인

건강한 환경과 습관을 관리해주는 스마트 생활용품 디자인

지능형 센서와 바이오 센서 융합으로 개인에게 맞춤화된 피트니스 트레이닝을 제공하는 웨어러블 디자인

► DESIGN SOLUTION 02

실내 기기와 시스템을 연결하는 스마트 컨트롤러 디자인

집에서 모든 것이 이루어지는 서비스 연결 디자인

간편하고 쾌적한 가사 활동을 지원하는 스마트 키친 디자인

디지털 노마드를 위한 유연하고 효율적인 업무 공간 디자인

► DESIGN SOLUTION 03

개인에게 맞춘 창조적 활동을 지원하는 디자인

디지털 세대를 위한 DIY 교육용 코딩 키트 디자인

► DESIGN SOLUTION 04

감각적 요소를 더해 새로운 경험을 제공하는 디자인

하이테크와 결합되어 과거와 현재가 소통하는 헤리티지(Heritage) 디자인

가상현실로 새로운 경험을 선사하는 엔터테인먼트 디자인

새로운 시대에 필요한
새로운 디자인 혁신 전략

한국디자인단체총연합회 회장, 신구대학교 교수
이경돈

우리의 삶에 디자인은 마치 공기처럼 자리하고 있다. 입고 있는 옷, 먹는 음식, 살아가는 공간 등 어떠한 상황에도 디자인은 침투해 있다. 의식주는 물론이고 오늘날 정보통신의 발달과 함께 우리가 상시 접하는 모든 미디어 분야에도 적용되어 있다. 우리는 디자인 속에 살고 있다고 해도 과언이 아니다. 인간의 삶의 의식과 무의식에 모두 영향을 미치고 있는 것이다. 디자인은 제품의 미적 요소만을 결정하는 것이 아니다. 창조적 경영 활동의 핵심 요소로 변화를 이끌어가는 핵심 키워드다.

한국의 디자인을 세계사 속의 디자인 역사와 비교하면 매우 짧다. 그럼에도 한국의 디자인 경쟁력은 세계 15위 안에 든다. 핀란드 헬싱키 대학 디자인 연구소의 연구 결과다. 디자인권을 등록하는 세계지식재산권기구에는 우리나라의 등록 건수가 매년 3만 건을 넘어서며 미국과 일본을 앞서가고 있다. 독일이나 미국에서 활동하는 디자인 전문 기업 수가 한국의 10배에 달하고 일본의 경우 우리의 2배에 달한다는 통계와 비교해보면 우리 기업이 상대적으로 적은 숫자임에도 불구하고 디자인 경쟁력이 뛰어나다고 볼 수 있다. 그러나 디자인의 연매출액과 기업 수를 비교해보면 한국의 기업당 매출액은 독일과 미국의 60% 수준이고 대만의 77% 수준에 불과하다. 이러한 현상은 디자인의 가치에 대한 권리를 담보하는 다양한 사회적 구조의 문제에 기인한다.

이 땅에서 활동하는 디자이너들은 권익을 보호받지 못하는 사회에 살고 있다고 말한다. 사실이 그렇다. 디자이너는 노력에 상응하는 대가를 충분히 받지 못하고, 계약보다 많은 업무로 부당한 수고를 감내해야 한다. 경우에 따라서 적정한 대가는커녕 덤으로 주어지는 서비스로 치부되기도 한다. 우리의 디자인 시장과 사회 구조가 선진국과 견주어 턱없이 미흡하기 때문이다. 디자인이 사회 구조에서 제 역할을 하고 국가 경쟁력의 성장에 일조하는 핵심 자산이 되기 위하여 국가적 차원에서 혁신적 전략이 필요한 시점이다.

우리나라의 디자인 분야가 성장해온 배경을 살펴볼 때 산업 측면에서 국가 정책으로 수립되고 진행된 측면을 간과할 수 없다. 영국, 일본, 대만 그리고 최근 중국 등 해외의 사례를 보더라도 국가의 디자인 정책이 국가의 경쟁력을 향상시킬 수 있음은 분명하다. 디자인 연구와 개발, 전문 회사 육성과 지원, 디자인의 전문성을 보장하는 사회적 장치와 제도, 디자인 분야의 정비와 체질 개선 지원, 다른 분야와의 융합 시스템 구축, 디자인 교육의 전문화와 우수 인력 양성,

디자인 육성 기금 확보와 과감한 투자 등 다양하고 실효성이 보장된 정책과 전략이 필요한 시점이다. 기존에 시행했던 전략은 개선하고 보완해 지속해야 할 것이고, 새로운 전략은 긍정적 미래를 예견할 수 있어야 할 것이다. 국가 정책이 미래 지향적으로 수립되고 강력한 시행이 지속된다면 미래는 희망이 될 수 있다. 디자인의 역할은 문제의 본질을 파악하고 긍정적, 선도적 해결책을 창조해내는 데 있다. 디자인 혁신 전략은 우리가 처한 사회 문제를 해결하는 방향으로 중요하게 다루어져야 한다. 디자인을 통해 국가의 경쟁력을 높이고 디자인이 우리의 삶에 주어지는 선물이 될 미래를 그려본다.

평등하고 쾌적한 사회를
만드는 디자인 씽킹

주요 내용 미리 보기

○ 거시전망

▶ 경제 위기와 소득 불평등
▶ 디지털 시대에 기회 불평등
▶ 도시화와 도시 불평등
▶ 고령화와 1인 가구 증가

○ 마켓&라이프 이슈

▶ 고령 세대들의 삶의 주체로 거듭나기
▶ 작고 유연한 삶을 추구하는 도시의 젊은 싱글들
▶ 타임푸어Time-poor들의 도심 속 여유 찾기
▶ 자연과 소통하고픈 도시인들의 홈 가드닝
▶ 다양성을 인정하고 격차를 해소하는 '고高신뢰 사회'로의 움직임
▶ 더 나은 세상을 이끌어가기 위한 마켓의 변화

○ 미래산업 키워드

▶ 무장애 디자인
▶ 홈 가드닝, 그린 시티
▶ 여가, 디지털 디톡스   ▶   사회 균형을 생각하는 디자인
▶ 1인 가구, 주거 공간 디자인
▶ 관용, 불평등 해소, 공공 서비스

라이프비전

▶ 더 편리한 생활에 기여하는 디자인
▶ 인간과 자연을 연결해주는 아이디어
▶ 쫓기는 삶에 여유와 휴식을 선사하다
▶ 작고 소박한 삶, 함께 발견하는 가치
▶ 지속 가능한 발전을 위한 공공 서비스 디자인

디자인 솔루션

불평등 해소를 위한
디자인의 역할

고령화, 생산 인구 감소, 1인 가구 급증 등에 따른 사회 불균형의 문제를 디자인은
어떻게 고민하고 어떻게 해결해야 할까?

세계적 경제학자 토마 피케티는 부유층과 나머지 계층 간 부^富의 격차가
100년 전인 1차 세계 대전 이전 수준으로 되돌아갔다고 주장했다. 《21세
기 자본론》이 출간된 이후 소득 불평등에 대한 논의는 전 세계적으로 확
대되었다. 2015년 OECD가 공개한 2014년 기준 임금 10분위 배율^{임금 상위}
^{10%와 하위 10%의 차이}에 따르면 한국은 4.8배로 OECD 34개국 중 32위다. 한국보
다 노동자 임금 상하위 10%의 격차가 심한 나라는 미국^{5.0배}과 이스라엘
^{4.9배}밖에 없었다. OECD 34개국 평균은 3.5배에 불과했고 일본은 3.0배에
그쳤다. 스웨덴^{2.3배}, 노르웨이^{2.4배}, 덴마크^{2.6배} 등 북유럽 국가들은 상하위
10%의 임금 격차가 한국의 절반도 되지 않았다.

　2060년쯤 되면 상황은 더욱 악화될 것이다. OECD는 2060년 한국의 상

ONE CHILD,
ONE TEACHER
ONE BOOK & ONE PEN
CAN CHANGE
THE WORLD.

MALALA YOUSAFZAI

하위 10%의 격차가 6.46배까지 더 벌어질 것이라는 암울한 예측을 내놨다. 국제통화기금이나 OECD가 내놓은 해법은 고소득에 대한 누진세를 강화해 저소득층에 대한 복지를 확대하는 것이다. 또한 궁극적으로는 저소득층이 '기술 사다리'의 더 높은 곳으로 올라갈 수 있도록 교육에 대한 투자를 확대해야 한다고 강조한다.

"불평등으로 인한 교육 기회 부족은 사회 전반의 전문 인력 부족으로 이어져 경제 성장을 저해한다."

2014년에는 파키스탄 출신의 10대 소녀 말랄라 유사프자이^{Malala Yousafzai}가 노벨 평화상을 수상했다. 말랄라는 탈레반의 총에 맞았다가 목숨을 건진 뒤 교육의 가치를 몸소 증언하는 운동가가 되었는데, 개발도상국의 열악한 교육 현실을 세계에 알리는 데 힘쓰고 있으며, 다양한 교육 프로젝트에 참여하고 있다.

이처럼 세계는 소득 격차로 인한 불평등뿐만 아니라 기술의 영향이 미치지 못하는 곳에서 발생하는 교육의 불평등, 급격한 도시화 때문에 발생하는 도시 빈민, 이민자들의 불평등 문제 등으로 몸살을 앓고 있다. 다양한 국적의 사람들이 더 나은 보수, 더 많은 일자리를 찾아 이동하고 장기 거주 외국인들이 증가하고 있는 상황에서 문화적 갈등과 이주민 차별 문제는 언제든지 불붙을 수 있는 시한폭탄과도 같다.

특히 경제 활동의 중심에 있는 대도시들은 난민으로 전락한 이주민들이 인권의 사각지대로 몰려 있는 위험성을 재고할 필요가 있다. 미국의 불법 이민자는 1990년 350만 명에서 매해 꾸준히 늘어 금융 위기 직전인 2007년에 1220만 명으로 정점을 찍었다. 한국도 다문화 사회로 급격히 변화하고 있다. 통계청 자료에 따르면, 다문화 출생아의 비율은 2008년 2.9%에서 2013년 4.9%로 증가했다. 다양성을 수용하는 도시 시민의 의식 변화가 절실한 시점이다.

전문가들의 예측에 따르면 2050년 세계 인구는 90억으로 늘어날 전망이다. 대부분의 인구는 개발도상국에서 증가할 것이며, 선진국의 인구는 유지되거나 감소될 것이다. 한국은 선진국형 인구 피라미드 형태로 이행하고 있다. 통계청의 인구 전망을 보면 2030년 약 5200만 명을 정점으로 인구가 감소하는 것으로 나타난다. 2060년이 되면 4300만 명 정도로 줄어들 전망이다. 문제는 이중 고령층의 비중은 증가하지만 유아동 및 청년층의 비중은 지속적으로 감소한다는 데 있다. 고령화로 노후 비용이 증가하니 아이를 낳지 않는 현상이 가속화하고, 저성장과 양극화로 부양 능력이 떨어진 청년층에서 결혼을 기피하는 이들이 증가하기 때문이다. 결국 우리나라의 생산 인구는 지속적으로, 그것도 가파르게 감소할 전망이다. 이는 곧 납세자의 절대 수가 줄어들고 생산 인구보다 부양 인구가 많아짐을 의미한다. 이는 생산 인구의 사회적 불만으로 이어질 것이며 세대 갈등 문제도 더욱 첨예하게 대두할 것이다.

고령화와 함께 1인 가구의 증가도 주목해야 할 변화다. 서울시가 발표한 〈통계로 본 서울 가족구조 및 부양변화〉 보고서에 따르면 서울에서는 1인 가구 비중이 계속 늘어 2030년에 이르면 2016년 현재 가장 흔한 '부부+미혼 자녀 가구'보다 많아질 것으로 예측된다. 가구주 연령이 60세 이상인 가구도 급증해 2030년이면 10가구 중 4가구 이상이 될 전망이다.

세계는 경제뿐만 아니라 사회 여러 측면에서 균형을 잃은 채 어느 한쪽으로 기울거나 양쪽 모두가 불안하게 흔들리고 있다. 이번 장에서 우리는 이런 불균형의 문제, 불평등의 문제를 디자인이 어떻게 고민하고 해결할 수 있을지 살펴볼 것이다.

더 편리한 생활에
기여하는 디자인

고령화 사회는 거부할 수 없는 트렌드다. 건강한 사람들에게 초점을 맞추기보다
가장 약하고 결함 있는 사람들과 그렇지 않은 사람들이 공유할 수 있는
공통의 영역들을 설계해나가야 한다.

서울대 의과대학 윤영호 교수는 '어떻게 살릴 것인가'가 아니라 '어떻게 잘 죽을 것인가', 즉 웰다잉well-dying 의 중요성에 대해서 이렇게 말한다. "역설적으로 들리겠지만 죽음을 통해 삶을 완성하는 과정이다. 죽음은 치료의 실패가 아니다. 사람은 누구나 죽는다. 이를 받아들이고 '잘 죽어야 된다'는 자세로 죽음에 대처하는 것이 웰다잉이다." 윤 교수 팀이 조사한 결과에 따르면 한국의 성인들은 삶의 아름다운 마무리를 위해서 가장 중요한 요소로 '다른 사람에게 부담 주지 않음36.7%'을 꼽았다. 남에게 의존하지 않고 주체적으로 살아갈 수 있는가가 고령화 사회에서 삶의 질을 판단하는 중요한 기준이 되는 것이다. 주체적인 삶의 가장 기본이 되는 육체적·정신적 건강을 지원해주면서, 생활 속에서 편리하게 사용할 수 있는 진화

된 생활용품과 서비스 개발이 필요한 시점이다.

이미 고령화 사회로 접어든 일본의 경우 50대 이후부터 주택 개·보수에 지출하는 금액이 급격히 증가했다는 통계가 있다. 일본의 주택 리폼 시장은 2010년 5조 4000억 엔에서 2020년 6조 1000억 엔 규모로 성장할 것으로 예상하고 있다. 고령 세대가 기존 주택을 좀 더 거주하기 편한 '무장애 Barrier-Free 주택'으로 개조하고자 하는 수요가 증가하고 있는 것이다.

무장애 주택, 무장애 도시, 유니버설 디자인

일반적으로 무장애 주택은 고령자나 장애가 있는 사람이 생활하는 데 불편하지 않게 설계된 주택을 말하며, 안전 손잡이 2곳 이상 설치, 실내 문턱 단차 해소, 휠체어 통행이 가능한 폭 확보 3가지 등을 최저 요건으로 지정한다. 외국에서는 이미 보편화된 개념으로 유니버설 디자인 universal design 의 측면에서 다뤄진다. 유니버설 디자인은 '사소해 보이지만 하나를 바꿈으로써 모두가 편리해지는 것'을 지향한다. 우리나라는 2006년부터 BF 인증제를 도입하고 있으며, 무장애 주택에서 더 나아가 무장애 도시 디자인도 추진하고 있다. 장애인, 노인, 임산부, 아동 등 노약자가 안전하고 편리하게 생활하고, 시설을 이용하는 데 불편함이 없도록 개별 시설물과 도시 기반을 계획·설계·시공하여 장애물을 원천적으로 제거하는 데 초점을 맞춘 도시다.

무장애 주택에서 가장 중요한 것은 그 안에서 이동하거나 생활하는 데 전혀 불편함이 없어야 한다는 데 있다.

더 편리한 생활에 기여하는 디자인

트렌드 키워드 · 무장애 디자인

고령화 사회는 거부할 수 없는 트렌드이며, 건장한 젊은이보다 신체적으로 약하거나 질병을 가지고 있는 사람의 비율이 훨씬 높아질 것이다. 이에 따라 모든 제품과 서비스, 공간 등의 설계는 신체적 결함이 없고 건강한 사람들에게 초점을 맞추기보다 가장 약하고 결함 있는 사람들과 그렇지 않은 사람들이 공유할 수 있는 공통의 영역들에 초점이 맞춰져야 한다. 현재 은퇴를 앞둔 많은 베이비부머 세대는 도심의 삶에 익숙한 사람들로 도시에서 지속적으로 일자리를 찾고 편리한 삶을 이어가고자 할 것이다. 늙어가는 도시가 아닌, 나이와 장애에 구애받지 않고 모두가 생산적인 삶을 영위할 수 있는 도시 공간을 모색해야 한다.

- 미래 징후 읽기
  고령화와 1인 가구 증가, 고령 세대들의 삶의 주체로 거듭나기, 다양성을 인정하고 격차를 해소하는 고 신뢰 사회로의 움직임
- 주요 소비자군
  실버 세대, 장애인 및 신체적 약자
- 주요 제공 가치
  고령, 장애의 유무를 떠나 모든 사람이 삶의 주체로 존중받으며, 편리하게 살 수 있는 생활환경 제공
- 연관 산업 및 제품군
  건축 및 인테리어, 의료 서비스, 생활 가전

디자인 솔루션

▶ 도시인의 나이 듦과 죽음을 관리하는 디자인
▶ 주방에서 시작되는 무장애 생활 디자인

도시의 미래를 모색하는 '퓨처 시티 캐터펄트 Future Cities Catapult '와 영국 브리스톨 대학교 교육대학원은 2014년 10월 '모든 세대에 친화적인 도시를 향하여 Towards the All-Age Friendly City '라는 제목의 보고서를 발간했다. 이 보고서는 2070년 영국 브리스톨을 이상적인 도시로 구축하기 위한 아이디어를 모아 발전시킨 것이다. 보통의 도시 계획에서 간과하고 있는 연령대인 어린이나 노인들을 위한 도시의 설계 및 사용을 핵심 목표로 두고 모든 연령대의 사람이 이용할 수 있는 공통의 영역을 탐색한다. 이 보고서는 모든 연령대에 친화적인 도시란 사람들을 만나고, 주택 및 교통을 더 잘 설계하며, 안전감을 느끼도록 하는 것이 핵심이라고 기술하고 있다.

도시인의 나이 듦과 죽음을 관리하는 디자인

지금까지 많은 사람들의 인식에서 인생 후반전이나 노년의 삶에 대한 고려는 그다지 중요치 않은 것이었다. 그것은 생각하는 것만으로 스트레스라고 여겨졌으며, 호스피스 센터 같은 공간 역시 불치병에 걸려 더 이상 기대할 것이 없는 사람들이나 찾는 곳으로 받아들여졌다.

강헌구는《골든 그레이》에서 '실버 세대'나 '실버 산업'처럼 특정 컬러로 노년을 상징하는 시류 자체에 반문을 던지면서 우리가 그동안 알고 있던 '노년'의 모습과 전혀 다른 '황금빛' 노년의 삶을 제안한다. 저자는 나이 든 삶을 어떻게 관리하느냐에 따라 더욱 창조적이고 행복한 삶을 살수 있다고 주장한다.

퓨엘포

헬스케어 디자인 회사 '퓨엘포Fuelfor'는 죽음과 호스피스 센터에 대한 부정적 인식을 재고하고 웰다잉을 준비할 수 있도록 도와주는 7가지 콘셉트의 서비스 디자인을 선보였다. '오픈 오피스Open Office'와 '케어 허브Care Hub' 콘셉트에서는 호스피스 센터를 이웃들을 위한 공공의 장소로 개방했다. 유치원과 정원을 함께 사용하거나, 음식 배달, 버스, 스파, 영화관 등의 시설 또한 이웃들과 공유한다. 개인적인 공간은 위층으로 올리고, 접근성이 좋은

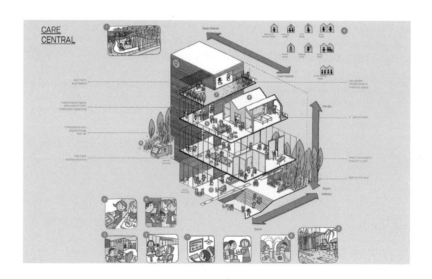

낮은 층들은 함께 모일 수 있는 사회적 공간이자 의료 치료가 가능한 장소로 디자인하여 신체적·정신적·사회적 건강 모두 케어할 수 있는 허브로 탈바꿈시켰다. '삶의 여정을 부드럽게'라는 콘셉트는 자원봉사를 할 때마다 적립되는 크레딧으로 나중에 자신이 나이가 들었을 때 사용할 수 있는 시스템이다. '삶의 마무리를 위한 나침반'은 길을 찾기 위한 나침반처럼 죽음을 맞이하는 사람들을 위한 내비게이션 키트와 앱 서비스다.

구에데즈 크루즈 아키텍트

포르투갈의 구에데즈 크루즈 아키텍트 Guedes Cruz Architects 는 리스본에 노인들을 위한 주거 공간을 선보였다. 하얀색 플라스틱 지붕은 밤에 어두운 거리를 밝혀주는 랜턴 역할을 하는데, 거주자가 실내에서 다치거나 쓰러질

손볼 여력이 없어서 방치된 개인 정원을 공개해 학생들
이 원예 활동을 할 수 있도록 해주는 스프라우트 프로젝
트. 교육뿐만 아니라 세대 간의 훌륭한 소통 아이디어다.

경우에는 빨간불로 바뀌면서 주변 이웃들에게 위급한 상황을 알려주는 역할을 한다. 52개의 큐브 모듈로 이루어진 이 건축물들은 콘크리트, 유리, 플라스틱을 소재로 사용했으며, 슬라이딩 도어와 외벽 주위에 손잡이를 설치해 거동이 불편한 사람들의 동선에 최적화되어 있다.

스프라우트

런던 아이데오는 버려져 있는 개인 정원을 학생들을 위한 자연 교실로 사용하는 스프라우트 Sprouts 프로젝트를 제안했다. 참가자들 특히 노령의 가구주 이 자신의 개인 정원을 공개하면 학생들이 식물을 심고, 물을 주고, 화초를 가꾸는 원예 활동을 통해 보이스카우트나 걸스카우트 배지를 받는 시스템이다. 아이들은 도시에서 느끼기 어려운 자연을 배우고, 노인들은 무료로 자신의 정원을 가꿀 뿐만 아니라 정원 가꾸는 기술을 자연스럽게 젊은 세대에게 전달해줄 수 있다. 세대를 이어주는 훌륭한 소통 방법이 스프라우트 프로젝트에 숨어 있는 셈이다.

더 편리한 생활에 기여하는 디자인

자신의 나이 든 모습을 보여주는 거울, 그레이 미러. 나
이 듦에 대한 긍정적 메시지 전달뿐만 아니라 현재의
선택이 미래에 영향을 줄 것이라는 메시지를 전해준다.

그레이 미러

보스턴 아이데오는 거울 앞에 섰을 때 자신의 나이 든 모습을 보여주는
거울 그레이 미러^{Gray Mirror}를 디자인했다. 이는 젊은 사람들에게 자신의 나
이 든 모습을 대면하게 함으로써 은퇴를 위해 저축하고 건강을 위한 행동
을 하도록 유도한다. 또한 나이가 든다는 사실에 대해 긍정적인 메시지를
전달하고, 지금의 행동이 노후에 도움이 될 것이라는 확신을 심어주는 역
할도 한다. 조금이라도 젊을 때 건강하고 올바른 선택을 할 수 있도록 격
려해주는 기특한 거울이다.

주방에서 시작되는
무장애 생활 디자인

      고령화 사회로 진화할수록 무장애 주택에 대한 선호가 증가하고, 기존의 주택 시설을 안전한 방향으로 보수하는 현상이 증가한다. 집안일을 하면서 가장 위험한 도구와 시설을 사용하는 공간은 날카로운 도구를 사용하거나 뜨거운 불을 이용해 조리를 해야 하는 경우가 대부분인 주방이다. 주방에 대한 새로운 생각과 안전을 지향하는 디자인은 전 세계적인 트렌드로 잡아가고 있다. 가족 구성원 중에 노약자의 비중이 늘어남에 따라 위험한 집기나 요소들을 최소화하거나 아예 제거하고도 편리한 집안일을 가능하게 해주는 주방 도구의 필요성이 점점 커지고 있다.

촙촙 키친

산업 디자이너인 더크 비오토^{Dirk Biotto} 가 만든 촙촙키친^{Chopchop Kitchen} 은 사용자 중심의 이동식 부엌 가구로, 특히 몸이 불편한 사람들을 고려한 유니

집기의 최소화, 이동 거리의 축소 등이 반영된 주방 가구 콘셉트, 촙촙키친. 무장애 주택의 진화에 따라 주방에 대한 새로운 생각과 안전을 생각하는 디자인의 필요성도 함께 커지고 있음에 주목해야 한다.

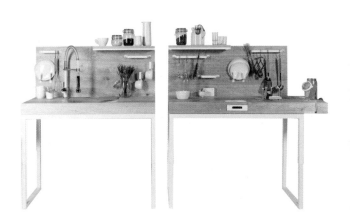

버설 디자인이다. 채소를 자르거나
갈 수 있는 강판과 칼이 탑재되어
있기 때문에 위험한 도구를 따로
비치해놓지 않아도 충분히 조리가
가능하다. 또한 벽면은 모듈화되어
있어 사용자가 원하는 위치에 요리
도구를 정리해놓을 수 있다. 조리대
를 나무로 만들어 재료를 자를 때
도마가 따로 필요하지 않으며, 기울
어진 싱크대 위에 식기들을 놓아 건
조할 수 있다.

알츠하이머를 앓고 있는 환자들을 위한 식기 세트. 모든
도구들이 사용자의 습관을 반영하여 불편함을 최소화
하는 방식으로 제작되었다.

이트 웰

알츠하이머를 앓고 있는 환자들은 스스로 식사를 하는 데 큰 어려움을 겪
는다. 환자들이 식사할 때 거의 대부분 음식을 흘리는 바람에 적당량의
음식을 섭취하기 어렵다는 점에 착안, 이트 웰Eat Well 은 환자 스스로 손쉽
게 식사할 수 있도록 개발된 제품이다. 식기, 컵, 수저, 포크 등의 각도와
컬러, 소재 등을 사용자에 맞게 적용했다. 대표적으로 식기의 바닥 부분을
경사지게 디자인함으로써 음식을 떠먹을 때 불편함을 최소화했다. 수저
와 포크의 손잡이는 15도 정도 기울여서 사용성을 높였다.

인간과 자연을
연결해주는 아이디어

—

급격한 도시화, 산업화는 건강뿐만 아니라 심리적으로도 불안정하게 만들었다.
도시 디자인의 제1 목표는 친환경 도시를 넘어 사람들이 자연을 접하고 자연과 소통하게 만드는 것이다.

1984년 첫 개최 이래 스칸디나비아 최대 규모의 인테리어, 생활용품 전시회로 성장하고 있는 폼랜드 Formland 박람회의 2015년 전시에는 수많은 디자이너와 브랜드가 식물과 녹색에 집중했다. 특히 에크만 스튜디오 Eckmann Studio 에서 진행한 휴먼 테라리움 Human Terrarium 존은 독창적인 콘셉트로 큰 인기를 끌었는데, 대형 온실을 연상케 하는 공간에 오가닉 재료와 식물을 넣은 작은 병들을 천장 가득 매달아놓았다. 사람들은 직접 유리병을 가지고 테라리움을 만들어보는 체험을 할 수 있었다.

테라리움이란 라틴어 '땅 terra'와 '용기·방 arium'의 합성어로 밀폐된 유리 용기 속에 가공한 흙이나 구슬 등의 소품을 넣고 식물을 가꾸는 것을 뜻한다. 텃밭 가꾸기를 시작으로 도시 농사꾼들이 크게 증가하고 있는 가운

데 최근에는 실내에서 쉽고 편리하게 실내 정원을 꾸밀 수 있는 테라리움
이 인기를 끌고 있다. 테라리움을 비롯한 홈 가드닝이 대중화되면서 마트
를 비롯한 온라인 유통 업체에서 다양한 DIY 홈 가드닝 키트들을 선보이
고 있으며 실제로 매출도 높은 신장세를 보이고 있다. 1인 가구 및 독신
가구의 증가로 주거 공간이 축소되었고, 집 안에서 소규모로 가드닝을 하
려는 수요가 늘어나고 있으며, 바쁜 현대인들이 가드닝을 통해 심리적 안
정감을 찾으려 하기 때문인 것으로 분석된다. 씨앗에서 열매를 맺기까지
식물이 자라는 과정을 아이들이 관찰할 수 있어 교육적인 용도로도 활용
되고 있다.

트렌드 키워드 · 홈 가드닝, 그린 시티

과거의 도시화는 급격한 산업 발전 속도에 따라 편의성과 주거 효율성에만 초점을 맞춰 개발되었다. 그 결과 도시민들은 점점 자연과 격리되어갔으며 건강 악화는 물론 심리적으로도 각박하고 불안정한 환경에 놓이게 되었다. 하지만 이제는 그린 시티, 친환경 도시 구축이 도시 디자인의 제1 목표가 되고 있다. 도시 환경 개선과 함께 작은 생활 공간 속에서 자연을 접하고 소통하게 해주는 것이 가장 큰 목적이다. 또한 도시 농사꾼들이 다양한 방식으로 가드닝 활동을 즐길 수 있도록 하고, 자연의 향과 소리 등을 활용하여 새로운 방법으로 자연과 소통하게 하는 디자인이 필요하다.

- 미래 징후 읽기
  자연과 소통하고픈 도시인들의 홈 가드닝
- 주요 소비자군
  자연 친화적이며 가드닝에 관심이 많은 도시 생활자, 스트레스가 많고 업무에 바쁜 직장인
- 주요 제공 가치
  안정감 속에서 자연과 함께 생활하고 자연을 감각적으로 경험하기
- 연관 산업 및 제품군
  생활용품 및 인테리어, 패션, 운송 산업

디자인 솔루션

▶ 쉽고 편리한 홈 가드닝을 지원하는 디자인
▶ 오감으로 자연을 경험하게 해주는 일상 아이템 디자인

쉽고 편리한 홈 가드닝을 지원하는 디자인

앞마당이나 텃밭 공간을 보완해주는 미니 스마트 가드닝 제품들은 앞으로 더욱 다양하게 출시되어 식탁 위의 액세서리나 인테리어 소품처럼 심미성이 강화된 디자인으로 진화할 것이다. 홈 가드닝에 익숙해지고 전문적인 지식을 접하는 인구가 눈에 띄게 증가하고 있는데, 이에 따라 좀 더 친환경적이고 안전한 방식의 가드닝 재료들에 대한 관심이 높아질 것이다.

급격한 도시화를 겪은 베트남 호치민 시는 현재 도시의 0.25%만이 녹지로 남아 있다. 하우스 오브 트리 House for Trees 는 이런 도시 상황을 개선하기 위해 작은 집들이 밀집해 있는 탄빈 Tan Binh 지역 중심에 지어진 나무집

이다. 각 건물의 옥상에는 커다란 열대 나무가 자리 잡고 있는데, 집 전체가 마치 커다란 화분으로 보이기도 한다. 화분에 물을 주듯이 베트남의 열대성 폭우가 하우스 오브 트리의 나무에 물을 주고 옥상에 층층이 쌓인 토양에 스며들어 생활용수로 저장된다. 서로 다른 크기의 건물들이 안마당을 둘러싸고 있으며, 유리로 된 커다란 출입문과 창문들이 건물 안으로 들어오는 자연 채광을 높여주며, 원활한 통풍으로 쾌적한 실내 온도를 유지해준다.

마이크로가든

유전자재조합식품과 화학물질 없는 신선한 과일과 채소들을 쉽게 키우고 가꿀 수 있는 시스템을 개발하는 기업인 인팜^{Infarm} 은 실내 가드닝 제품 마이크로가든^{Microgarden} 을 디자인했다. 인체와 환경에 무해한 우뭇가사리 젤을 흙 대신 사용해 영양분을 공급하기 때문에 살충제를 사용하지 않아도 벌레가 생기지 않는다. 또한 젤 속에 충분한 수분이 포함되어 있기 때문에 물을 줄 필요도 없다. 종이접기를 응용한 디자인으로 크기가 작아 효율적으로 다양한 공간에 적용할 수 있다. 제공되는 씨앗의 일부는 햇빛이 들지 않는 장소에서도 키울 수 있으며, 자

조명을 활용한 가드닝 디자인, 라이트 포 푸드. 단순히
채소를 기르는 것이 아니라 도시인과 자연의 관계를 경
작하는 데에도 목적이 있다.

라는 속도도 빨라 보통 1~2주 정도면 먹을 수 있을 만큼 충분히 자란다.
식물이 자라는 과정을 투명한 표면을 통해 볼 수 있는 것도 또 다른 즐거
움이다.

먹거리를 만드는 조명

2009년 밀라노 공과대학에서 시작된 스타트업 불보 Bulbo 는 라이트 포 푸
드 Light for Food 라는 슬로건을 내세워 단순히 채소를 경작하는 것이 아니라
도시인과 자연의 관계를 '경작'하기 위해 집에서 채소를 키울 수 있는 해
결책으로 조명을 활용한 가드닝 디자인을 선보이고 있다. 이것은 볼로냐

대학과의 협력을 통해 만들어진 프로젝트로 모두 이탈리아에서 생산하는 것을 원칙으로 한다. 빛으로 영양분을 공급하며, 조명 제품은 시나라^{Cynara}, 콰드라^{Quadra}, 시스테마^{Systema}로 나뉘는데, 시나라는 작은 화분에 꽂아서, 콰드라와 시스테마는 중간 크기 이상의 빛이 필요할 때 사용한다.

셀라

셀라^{Cella}는 하버드 대학교 디자인대학의 '모스페블^{Mosspebble}'이라는 녹색 지붕 프로젝트에서 시작됐다. 에코이드^{Ecoid}를 만든 두 명의 한국인 김용규와 백종현은 이끼가 자랄 때 오직 공기로부터 모든 영양분을 얻는다는 것을 알게 됐다. 이 아이디어를 바탕으로 그들은 가볍고 신축성이 좋은 플라스틱을 이용해 3D 프린팅 제품 셀라를 만들었다. 작은 공간에서 이

끼와 작은 식물을 쉽게 키우는 용도로 사용된다. 작고 가벼우면서도 튼튼하다는 장점을 두루 갖춘 셀라는 집 안은 물론 집 밖에서도 사용할 수 있다. 실내 벽이나, 유리창, 천장 등 원하는 곳에 쉽게 붙이거나 매달 수 있고, 사이즈도 다양해 단독으로 사용하거나 여러 개를 결합해 자신만의 인테리어 소품으로 응용할 수 있다.

리틀 헬퍼

리틀 헬퍼 Little Helper 는 작은 공간에서 채소나 식물을 기를 수 있도록 지원해주는 실내용 미니 가든 시스템이다. 채소 재배에 대한 지식이 없거나 공간이 부족해서 가드닝을 하지 못하는 사람이라도 쉽게 할 수 있다. 모바일 앱과 연동되는 작은 병 모양의 재배 용기를 통해 사용자가 먹을 채소를 농약이나 유전자 변이에 대한 걱정 없이 손쉽게 경작할 수 있는 장점을 가지고 있다. 사이즈가 작아 공간을 절약할 수 있을 뿐만 아니라 먹을 만큼의 양만 재배해 음식물 낭비도 줄일 수 있다.

리틀 헬퍼는 작은 병 모양의 재배 용기에서 채소를 기를 수 있어서 공간적 제약이 적고, 음식물 낭비도 줄일 수 있다.

모듈화된 온실 하베스팅 스테이션. 도시의 틈새 공간을
활용해 지역 내 식량 생산을 활성화할 목적으로 설계되
었다.

하베스팅 스테이션

디자이너 안토니오 스카르포니 Antonio Scarponi 는 도시 농업의 위기를 극복하
고자 온실을 콘셉트로 디자인한 '하베스팅 스테이션 Harvesting Station'을 취리히
구글에서 선보였다. 하베스팅 스테이션은 모듈화된 온실로 상황에 따라
여러 개를 연결해 사용할 수 있다. 목재 구조로 지어졌으며 지붕에는 빗물
을 받아 식물을 재배할 때 사용할 수 있는 물 저장 탱크가 놓여 있다. 깃발
은 물의 양이 어느 정도인지 알려주는 역할을 한다. 도시의 틈새 공간을
활용해 지역 식량 생산을 활성화하도록 설계했다는 데 큰 의미가 있다.

오감으로 자연을 경험하게 해주는 일상 아이템 디자인

자연 소재를 있는 그대로 사용하거나 제품의 형태를 자연의 모습으로 구현하는 디자인은 이제 하나의 큰 흐름으로 자리 잡았다. 하지만 일상에서 자연과 소통하면서 안정감을 얻고 치유의 경험을 제공하기 위해서는 형태적인 측면뿐만 아니라 좀 더 자연 친화적인 방향으로 진화될 필요가 있다. 가령 아로마 향초를 피워놓고 집에서도 테라피를 즐기듯 자연에서 얻을 수 있는 치유의 향기를 제품의 소재에 자연스럽게 스며들게 한다면, 사용자가 제품을 사용할 때마다 잠시나마 마음의 여유를 갖게 될 것이다.

네덜란드의 디자이너 알렉산드라 스튁Alexandra Stück의 허벌 크나이프 텍스타일Herbal Kneipp Textiles 프로젝트는 린넨 소재의 스카프에 자연 소재 향수를 담은 것으로, 도시의 삶에서 활력을 찾기 위해 제작한 것이다. 로즈메리, 페퍼민트 같은 식물에서 추출한 오일 성분으로 향수를 만들고 의류를 제작할 때 직물 자체에 향수가 배어들도록 한다. 옷을 입거나 표면을 만지면 향기가 배어 나와 자연스러운 테라피 효과가 있으며 새로운 치유 경험을 제공한다.

엘 'B'

바다를 둘러싸고 만들어진 대도시의 풍경은 대부분 고층 빌딩들이 빽빽하게 밀집되어 있다. 스카이라인은 뾰족한 첨탑과 우뚝 솟은 건물들의 형상으로 이루어진다. 하지만 건축가 셀가스 카노Selgas Cano가 스페인의 항구

스페인의 항구 도시 카르타헤나에 지어진 엘 'B'는 자연
경관을 해치지 않고 외벽을 통해서 바다 풍경을 감상할
수 있도록 설계되었다.

도시 카르타헤나에 지은 엘 'B'^{El 'B'}라는 독특한 이름의 건축물은 자연 경
관을 해치지 않고 수평선과 평행한 스카이라인을 보여준다. 반투명으로
설계된 외벽으로 바다의 풍경이 투영되어 건물 안에서 새로운 바다 풍경
을 만들어내는 듯한 모습을 보여준다.

포레스트 심포니

일본의 음악가 류이치 사카모토 Ryuichi Sakamoto 가 〈예술 자연 삶 Art Environment Life 〉이라는 자신의 전시에 설치한 '포레스트 심포니 Forest Symphony '는 공간 밖의 나무들에 특별 제작된 센서를 부착해 나무가 햇빛을 받아 광합성을 하고 살아 숨 쉬는 것을 소리로 표현하고 시각화한 작품이다. 센서들은 나무에서 흘러나오는 바이오메트릭스 Biometrics 데이터를 변환시켜 스피커를 통해 사람 심장 소리처럼 들려준다. 작가는 "미디어 기술을 사용한 설치와 음악은 자연과 우주를 인식하는 하나의 창"이며, "도시형 생활을 하면서 세계를 인식시켜주는 창문, 그것이 바로 기술"이라고 말했다.

류이치 사카모토의 포레스트 심포니는 광합성과 같은 나무의 생물학적 작용을 데이터로 변환시켜 사람의 심장 소리처럼 들려준다. 기술을 통해서 세계를 인식하는 아이디어다.

미위

도요타의 콘셉트카 미위Me.We 는 프랑스의 세계적인 산업 디자이너 장 마리 마소Jean-Marie Massaud 와 콜라보레이션을 통해 탄생한 전기 자동차다. 카브리올레 개념을 더 확장해 사람과 경제 그리고 안전을 주요 콘셉트로 삼았다. 통 알루미늄 바디 구조이며 보닛, 범퍼 등엔 폴리프로필렌을 사용했다. 또한 차체의 바닥은 대나무로 만들었다. 작은 박스카 형태에 후드와 루프를 포함해 내부 소재도 대나무를 사용했으며, 개인 취향대로 폴리프로필렌 판넬을 바꿔 매일 색다른 디자인으로 바꿀 수 있다. 도요타 자동차는 "대나무와 재활용이 가능한 플라스틱 같은 친환경 재료를 사용해 자동차 대량 생산으로 야기되는 생태적 문제에 대한 참신한 해답을 제시했다."라고 설명했다.

쫓기는 삶에 여유와
휴식을 선사하다

———

더 많은 것을 더 빠르게 소비하는 시대는 끝났다.
도시의 편의성을 기반으로 여가 공간, 소비문화와 결합된 다양한 형태의 테라피 서비스를 개발해야 한다.

지난 2014년 옥스퍼드 대학교 출판사는 40여 개 신조어를 새로 선정해 온라인 영어사전에 등재했는데, 여기에 '일에 쫓겨 시간이 없다'는 '타임 푸어 Time-poor'가 포함됐다. 시장조사 전문기관 마크로밀엠브레인이 2014년 1월 전국 만 19~59세 남녀 1000명을 대상으로 현금, 시간 부족과 소비 생활의 관계에 대한 조사를 실시한 결과를 보면 10명 중 7명 71.7% 이 매우 자주 19.7% 또는 약간씩 52% 은 시간이 부족하다고 느끼는 것으로 나타났다. 시간 부족을 매우 자주 느끼는 경우는 젊은 연령층일수록 많았으며, 여가 활동을 많이 하고 싶거나 해야 할 일이 너무 많을 때 상대적으로 시간 부족을 더 많이 느끼는 것으로 조사됐다.

이렇게 시간에 쫓겨 사는 도시인들이 카페를 일종의 테라피 공간으로

이용하는 추세가 증가하
고 있다. 도심의 많은 카페
들이 지친 삶에 휴식을 제
공하고 활력을 충전할 수
있도록 새로운 콘셉트를
내세우고 있다. 잠을 잘 수
있는 해먹과 테라피 사운

드를 제공하는 낮잠 카페, 이층 침대와 에어쿠션이 갖춰진 만화방 콘셉트
의 카페 등 소비문화와 테라피가 결합하여 새로운 문화 치유 공간이 만들
어지고 있는 것이다. 2014년 10월 서울광장에서는 '멍 때리기 대회'가 열
리기도 했는데, 이 대회의 기획자들은 평일 도심 한복판에 바쁜 도시인들
사이로 멍 때리는 집단이 시각적 대비를 이뤄내는 모습을 만들고 싶었다
고 말했다. 아무것도 하지 않는 것을 가장 두려워하는 도시인들에게 아무
것도 하지 않는 것을 제안한 것만으로도 이 이벤트는 큰 화제를 불러일으
켰다. 전 세계에 돌풍을 일으킨 어른들을 위한 색칠놀이 책《비밀의 정원》
또한 점점 복잡해지는 생활에 지친 사람들에게 한 가지 단순한 행위에 집
중하게 함으로써 '색칠공부'를 하던 어린 시절을 떠올리게 함은 물론 일
상의 고민을 털어버리고 자신도 모르는 사이에 스트레스를 풀 수 있게 해
주었다.

트렌드 키워드 · 여가, 디지털 디톡스

_____

경제와 생산성 중심의 도시화에 회의를 느껴 각박하고 복잡해진 도시를 벗어나려는 시도들이 많아지고 있는 것은 하나의 분명한 현상이다. 그럼에도 불구하고 전문가들의 예측에 따르면 도시를 떠나는 인구보다 도시로 유입되는 인구가 더 많아질 것이다. 도시 생활의 편의성을 쉽게 버릴 수 없기 때문이다. 도시인들도 단순히 더 많은 것을 만들어내고 더 빠르게 소비하려고만 하지 않는다. 합리적인 선에서 작지만 즐거운 쾌락을 얻고자 하고, 바쁜 가운데 여유를 즐기는 자신의 모습을 통해 새로운 카타르시스를 느끼고자 한다. 도심의 여가 공간, 소비문화와 결합된 다양한 테라피 서비스들이 개발되어야 할 것이다.

- 미래 징후 읽기
  타임푸어들을 위한 여유 제공
- 주요 소비지군
  스트레스가 많고 바쁜 직장인, 도심 생활자
- 주요 제공 가치
  바쁜 가운데 순간의 여유를 즐기며 누적된 스트레스를 해소하고, 심신의 안정 경험하기
- 연관 산업 및 제품군
  운송, 여행, 숙박 시설, 문화 공간, 카페, 마트 등

디자인 솔루션

_____

▶ 도시 활동과 결합된 테라피 서비스 디자인
▶ 디지털 중독을 치유해주는 디자인

도시 활동과 결합된
테라피 서비스 디자인

　　　　　　2010년 개봉하여 많은 사람들에게 잔잔한 감동
과 여운을 남긴 영화 '먹고 기도하고 사랑하라'는 안정된 직장과 번듯한
남편, 맨해튼의 고급 아파트까지 모든 것을 완벽하게 갖춘 주인공이 언제
부턴가 그것이 자신이 진정 원하는 삶인지 고민에 빠지면서 자신이 진정
원하는 삶을 찾아 긴 여행을 떠나는 내용이다. 주인공은 이탈리아에서 새
로 사귄 친구들과 원 없이 맛있는 음식을 먹고, 인도에서 명상과 기도에
열중하며 자신의 삶을 되돌아본다. 처음과 마지막에 등장하는 인도네시
아의 점성술사는 행복하게 살려면 삶의 균형을 잃지 말아야 한다고 강조
하며 현대인의 각박하고 불균형한 삶을 스스로 되짚어보게 해주었다.

　바쁜 현대인을 위해 도심 속의 새로운 휴식과 치유의 공간이 들어서고
있지만 새로운 아이디어들이 좀 더 적극적으로 결합한다면 효과적인 테
라피 서비스가 될 것이다. 가령 대중교통과 같은 이동 수단을 활용한다면
도시 어디에서든 여유를 제공할 수 있다.

택시테라퓨테르나

스웨덴의 택시 기업 택시 스톡홀름^{Taxi Stockholm} 은 고객 설문 조사를 한 결
과, 사람들이 택시를 타는 동안 조용히 자신을 되돌아보며 생각할 시간을
갖는다는 것을 알게 되었다. 이에 영감을 받아 택시 스톡홀름은 손님들의
정신적 피로를 풀어주는 테라피 서비스 택시테라퓨테르나^{Taxiterapeuterna} 를
선보였다. 웹에서 테라피스트를 예약하면 시간에 맞춰 해당 테라피스트

스웨덴의 택시 기업 택시 스톡홀름은 고객이 원하는 장
소로 이동하는 시간 동안 테라피스트가 동승해 상담을
받을 수 있는 서비스를 제공한다.

가 운행하는 택시를 탈 수 있다. 고객은 자신이 원하는 장소로 이동하는
동안 테라피스트와 대화를 나누면서 상담을 받을 수 있다.

침대 위에서 아침 식사를

이케아 런던은 프로모션의 일환으로 이케아 침대 위에서 아침을 맞이할
수 있는 팝업 카페를 열었다. '침대 카페에서 아침 식사를Breakfast in Bed Cafe'
프로모션에 참가하면 침대 위에서 페이스트리, 과일, 치즈, 주스, 커피 등
으로 구성된 스칸디나비아 전통 아침 식사를 맛볼 수 있다. 자신의 몸에

맞는 베개를 고를 수 있으며, 낮잠을 청할 수도 있다. 카페에는 수면 전문가가 있어서 숙면을 위한 다양한 방법을 알려준다. 휴식을 위한 음악, 스트레스를 줄여주는 차, 이케아의 침구류에 대한 정보까지 제공함으로써 수면과 관련된 총체적 라이프스타일을 제시했다.

디지털 중독을 치유해주는 디자인

사무실에서 컴퓨터 작업을 하고, 스마트폰으로 지속적인 업무와 개인 일상을 챙기는 현대인은 디지털 과잉, 스마트폰 중독에 빠져 있다. 자기도 모르는 사이에 디지털 환경에 둘러싸여 살고 있는 이들을 위해 잠시나마 아날로그 환경에서 여유를 즐기게 해주는 디지털 디톡스Digital Detox 서비스가 인기를 끌고 있다. 몸속의 독소를 빼내는 해독 주스처럼 일상에서 틈틈이 휴식을 제공하고 재충전할 수 있는 형태의 디지털 디톡스 서비스에 대한 수요는 꾸준히 증가할 것이다.

마이 호텔 블룸스버리

영국 호텔 기업 마이호텔Myhotels 의 마이호텔 블룸스버리Myhotels Bloomsbury 는 전자파로부터 인체를 보호해주는 기기를 만드는 파이 하모닉스 Phi Harmonics 와 협업해 디지털 디톡스

디지털 환경에서 벗어나 아날로그 환경에서 여유를 즐기게 해주는 디지털 디톡스 또는 닷컴 디톡스 서비스가 인기를 끌고 있다. 이런 추세는 앞으로도 더 확장될 것으로 전망된다.

패키지를 선보였다. 고객은 호텔에 묵는 동안 전자 기기에서 벗어나 온전히 자신에게 집중하는 하루를 지낼 수 있다. 패키지는 총 4가지로 구성되어 있는데, 어떤 의류에도 부착할 수 있는 전자파 차단 패치 바이오태그와 일렉트로닉 닷, 플래닛 오가닉Planet Organic 사의 건강 주스를 마실 수 있는 쿠폰, YMCA 체육 센터 입장권, 하루 숙박권이다.

폴라 맥주의 휴대폰 차단기

브라질 맥주 회사 폴라Polar 는 술자리에서조차 대화보다 스마트폰에 집중하는 사람들이 늘어나고 있다는 점을 역이용해 술자리 휴대폰 차단 캠페인을 진행했다. 폴라 휴대폰 차단기Polar Cell Phone Nullifier 는 맥주 온도를 시원하게 유지해주는 쿨러 역할뿐만 아니라 기기가 놓여 있는 반경 1.5m 내에서 와이파이를 비롯한 모든 무선 통신을 차단하는 기능을 가지고 있다. 차단 기능은 맥주병이 기기에 삽입되면 작동한다. 이 차단기가 있으면 사람들은 스마트폰 화면을 들여다보는 대신 주위에 앉은 친구들과 더 많은 이야기를 나눌 수밖에 없다. 이 독특한 캠페인은 유튜브를 통해 전 세계 2억

폴라 휴대폰 차단기는 맥주를 차가운 온도로 유지시켜
주는 쿨러이면서 동시에 반경 1.5미터 내의 모든 무선
통신을 차단하는 시그널 재머 기능을 탑재했다.

5000명 이상에게 전파되었고, 스마트 기기에 길들여진 사람들에게 언젠
가부터 잊고 지냈던 소중한 가치를 되살려주는 역할을 했다.

작고 소박한 삶,
함께 발견하는 가치

삶의 규모가 1인 가구로까지 줄어든 지금 개개인의 다양성을 만족시키기 위해 도심 속의 공간들은 더 늘어날 것이다. 불안이나 외로움도 동시에 나타날 문제들인데, 디자인이 그 답이 되어줄 것이다.

1인 가구를 중심으로 삶의 규모가 작아지면서 집에 대한 관심도 변하고 있다. 문화체육관광부에서 발표한 소셜 빅데이터 분석으로 본 국민 의식 변화 자료에 따르면, 최근 몇 년 사이 한국인들의 주거 형태에 대한 관심도가 원룸, 오피스텔, 소형 주택 중심으로 변화하고 있다. 실제로 소형 아파트가 인기를 끌면서 서울 7개 구 전용면적 60m²의 소형 아파트 값이 역대 최고가를 경신하고 있다.

1인 가구 소비 지출 중 가장 큰 항목은 '주거비'다. LG경제연구소의 보고서에 따르면 1인 가구의 주거비 지출은 2인 가구의 1인당 지출보다 62% 높은 것으로 나타났다. 1인 가구의 주거비가 높은 이유는 1인당 필요한 주거 면적이 더 넓기 때문이다. 서울연구원의 자료도 이를 뒷받침한

소셜 빅데이터 연도별 주거 형태 관심도 변화 분석

NO	2010	2011	2012	2013 (5.30)
1	아파트	아파트	아파트	아파트
3	빌라	빌라	빌라	원룸
4	한옥	오피스텔	전원주택	오피스텔
5	전원주택	전원주택	원룸	빌라
6	오피스텔	원룸	오피스텔	전원주택
9	원룸	공동주택	게스트하우스	게스트하우스
18	보금자리주택	맨션	고시원	소형주택
21	다세대주택	신축빌라	소형주택	다세대주택
22	고시원	연립주택	다세대주택	레지던스
23	반지하	소형주택	타운하우스	펜트하우스
24	타운하우스	보금자리주택	임대아파트	투룸
25	소형주택	반지하	도시형생활주택	옥탑방

다. 2012년 서울의 1인 가구 임대료 비율은 31%로 2006년 24.5%에서 꾸준히 증가했으며, 서울시 평균 25.5%보다 높은 수준으로 나타났다.

절반 이상의 가구가 혼자 사는 싱글족일 정도로 1인 가구의 비중이 높은 뉴욕 시는 주택 공급 부족 문제를 해결하기 위해 이미 2012년 7월부터 마이크로 유닛 하우징 프로젝트Micro Unit Housing Project를 가동했다. 마이크로 유닛은 면적 23~34m² 규모의 스튜디오 아파트나 침실 1개가 딸린 초소형 아파트를 가리킨다. 조립식 단위로 55개의 유닛을 10개 층으로 쌓아 올려 공간 효율을 극대화하기 때문에, 벽에 침대가 숨겨져 있기도 하고 슬라이딩 바를 통해 TV가 나타나기도 한다.

1인 가구의 주거비 부담을 줄여주는 공유 주택 역시 좋은 대안으로 자

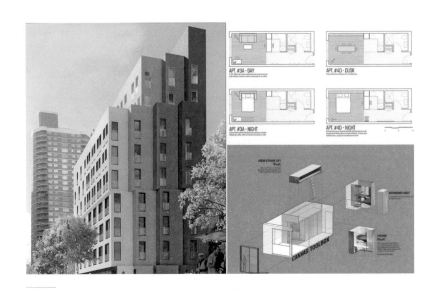

뉴욕 시의 초소형 아파트 마이크로 유닛 하우징 프로젝트는 1인 가구 비중이 높은 뉴욕에서 공간의 효율성을 극대화한 디자인이라는 평가를 받고 있다.

리 잡았다. 특히 우리나라에서는 소득은 적지만 타인과의 소통에 익숙한 대학생, 취업 준비생들에게 큰 인기를 끌고 있다. 역삼동 위드썸씽With Something 의 경우 지하 1층 위드 플레이With Play는 함께 일하고 아이디어를 공유하는 작업 공간으로, 1층 위드 토크

With Talk는 간단한 음식을 먹거나 전시가 가능한 커뮤니티 공간으로, 2~5층에는 1인 가구를 위한 8평 규모의 방 15개로 설계되었다.

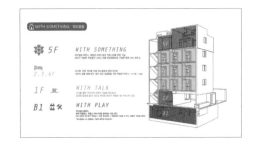

트렌드 키워드 · 1인 가구, 주거 공간 디자인

1인 가구의 증가로 삶의 규모는 작아지고 가치관과 생활방식은 다양해지고 있다. 부족한 자원으로 개인의 다양성을 만족시키기 위해서는 공간의 유연한 활용은 물론 소비 방식의 전환이 필수적이다. 앞으로는 다양한 기능을 갖춘 도심 속 공간들이 늘어날 것이며, 젊은 세대를 중심으로 다양한 공유 경제 서비스가 급증할 것이다. 이는 1인 가구, 소형 가구들의 경제적 문제, 정서적 불안감과 외로움 같은 문제점들을 해결해나갈 대안이 될 것이다.

- 미래 징후 읽기
  작고 유연한 삶을 추구하는 도시의 젊은 싱글들
- 주요 소비자군
  도시 생활자, 1인 가구
- 주요 제공 가치
  부족한 도시 자원을 효율적으로 활용하고 공유하기
- 연관 산업 및 제품군
  건축 및 인테리어, 에너지, 공공시설

디자인 솔루션

▶ 공간 부족을 해결하는 모듈형 주거 디자인
▶ 이웃과 함께하는 효율적인 공유 경제 서비스 디자인
▶ 소통과 놀이를 유도하는 공공 디자인

공간 부족을 해결하는
모듈형 주거 디자인

　　2011년 창간된 라이프스타일 매거진 〈킨포크〉는 '홀로'보다는 '함께', '복잡함'보다는 '단순함'을 삶의 지향점으로 삼고 있다. 창간 이후부터 현재까지 작가, 사진가, 화가, 바리스타, 뮤지션, 칼럼니스트, 블로거, 요리사 등 다양한 사람들의 커뮤니티, 그들의 이야기와 음식을 담은 식탁을 소개하고 있다. 이런 라이프스타일이 전 세계 사람들에게 각광받게 된 데에는 1인 가구의 증가가 맞물려 있다.

　　인구가 집중되고 있는 도시에서 유동적으로 살아가는 젊은 1인 가구들이 증가하면서 초소형 주택과 공유 주택들이 강력한 대안으로 부상하고 있다. 여기에 이동이 잦은 사람들에게 일시적으로 거주 공간을 해결해줄 수 있는 모듈형 임시 공간들이 더해진다면 좁은 도시 공간에서의 주거 부족 문제 해결에 큰 도움이 될 것이다. 특히 도시에 낡고 소외된 공간을 새로운 거주 공간으로 탈바꿈시킬 수 있는 대안이 필요하다.

자발적 빈민가 프로젝트

프랑스 건축가 스테판 말카Stéphane Malka 는 공공 건축물 '자발적 빈민가 Voluntary Ghetto '를 콘셉트로 선보였다. 도심에서 외지고 허름한 지역의 다리를

대도시의 공간 부족 문제를 해결하기 위한 해법으로 제시된 자발적 빈민가 프로젝트. 모듈 구조로 쉽고 빠른 분해가 가능하며 이용자 수에 따라 공간 변화도 자유롭다.

활용해 많은 사람이 이용할 수 있는 새로운 공간으로 활성화할 목적으로 구축된 프로젝트다. 다리 위에 비계 scaffolding 를 올린 형태로 주거 공간, 사무실, 갤러리, 스튜디오, 상점, 놀이 공간과 클럽까지 다양한 기능을 수용할 수 있는 모듈 구조를 이루고 있다. 쉽고 빠르게 분해가 가능하며 다양한 도시 구조 및 이용자 수에 따라 공간의 변화가 용이하기 때문에 '노마딕 마이크로 시티 Nomadic Micro City '라고 부르기도 한다. 대도시에서의 공간 부족 현상, 이주가 잦은 라이프스타일을 반영하여 효과적으로 대응하고 아름답게 해결할 수 있는 방안으로 평가받았다.

팝업 아파트

팝업 아파트 Pop-Up Apartment 는 주거 공간이 부족한 문제를 새로운 공간 디자인으로 해결하기 위해 선보인 프로젝트다. 사용자의 행동 패턴과 연결하여 버튼 하나로

공간의 변화를 제어할 수 있다. 바닥에 난 길을 따라 벽과 가구들의 위치를 바꿀 수 있으며, 일반적인 주거 환경의 절반밖에 안 되는 공간에서도 충분히 다양한 활동을 할 수 있다.

공실률 20% 이상의 맨해튼 사무실 건물을 별도 고안된
ID 박스를 이용해 호텔로 바꾸는 프로젝트. 꾸준히 증가
하는 관광객의 수요를 해결할 수 있다.

팝업 호텔

덴마크의 디자인 회사 핑크 클라우드 Pink Cloud 는 뉴욕 맨해튼에서 사무실의
빈 공간을 호텔로 바꾸는 팝업 호텔 Pop-Up Hotel 프로젝트를 진행했다. 맨해
튼의 사무실 공실률은 평균 21.6%로 높은 반면 관광객의 수요는 지속적
인 증가세를 보이고 있었다. 특별히 고안된 ID 박스를 이용하면 비어 있
는 사무실에 별도의 공사를 하지 않아도 호텔, 레스토랑, 엔터테인먼트 등
의 공간 연출이 가능하다. ID 박스는 소파, 침대, 싱크대, 샤워부스 등 호
텔 공간에 필요한 가구들로 구성할 수 있다.

스페이스마켓

일본 스타트업 스페이스마켓Spacemarket 은 도심 속의 수없이 많은 공간들이 사용되지 않은 채 방치되어 있다는 점에서 착안, 버려진 공간을 비즈니스를 위한 공간으로 활용하는 스페이스마켓 프로젝트를 진행했다. 버려진 선박, 야구장, 농구 코트, 일본의 전통 가옥뿐만 아니라 역사적인 공간이나 무인도까지도 비즈니스 공간으로 활용한다. 지금까지 약 800여 개에 이르는 공간이 업무 및 창의적인 활동을 위한 공간으로 사용되고 있다. 스페이스마켓은 기금 모금을 통해 더 많은 공간을 확보하는 한편 접근성을 높일 수 있도록 어플 개발에도 주력할 것이라고 한다.

런던 언더라인

미국의 건축 회사 겐슬러Gensler 는 런던의 버려진 지하철 터널을 재구성한 프로젝트 런던 언더라인London Underline 을 선보였다. 이 프로젝트는 런던 시

밟고 지나가기만 해도 에너지가 생성되는 페이브젠이
라는 동작 에너지 발전 기술을 이용해 버려진 지하철
터널을 재구성한 프로젝트, 런던 언더라인. 버려진 도시
인프라를 재활용하는 아이디어로 높은 평가를 받았다.

에서 주최한 런던 플래닝 어워드 London Plannig Award 에서 최우수 프로젝트 상
을 수상했다. 사용하지 않는 지하철 터널을 보행자 도로, 자전거 도로, 커
뮤니티 장소, 팝업 스토어, 카페 등으로 용도를 변경해 다양한 지하 네트
워크를 생성한 것이다. 밟고 지나가기만 하면 에너지가 생성되는 페이브
젠 Pavegen 을 이용해 운동 에너지를 전기로 변환시킨다. 기존 인프라를 활용
해 도시 전체를 새롭게 연결한 대표적 프로젝트다.

이웃과 함께하는 효율적인
공유 경제 서비스 디자인

공유 주택, 공유 자동차, 함께 밥을 먹는 소셜 다이닝 등 젊은 세대를 중심으로 다양한 공유 경제 서비스들이 점차 활용범위를 늘려나가고 있다. 지역을 기반으로 에너지를 공유해 에너지 문제를 해결하고, 반려동물을 대신 돌봐줄 수 있는 서비스 등 앞으로는 1인 가구, 소형 가구의 욕구를 해결해나가는 공유 경제 서비스들이 더욱 다양하게 출시될 것이다.

그리드메이트

에너지 공유 플랫폼 서비스인 그리드메이트 Gridmates 는 지역을 기반으로 에너지가 남는 사람들과 에너지가 부족한 주민들을 서로 연결해준다. 에너

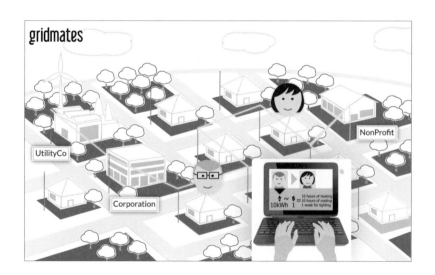

지가 필요한 사람에게 에너지를 기부하는 프로세스다. 자가 발전 시스템이 대중화되어 개개인이 다양한 방법으로 에너지를 만들어낼 수 있게 되면 에너지 공유 플랫폼은 에너지 절약의 차원을 넘어서 새로운 방식으로 지역 주민 간의 관계를 형성하게 해주는 방법이 될 것이다.

도그베이케이

애견계의 에어비앤비로 불리는 도그베이케이 DogVacay 는 애견을 며칠간 대신 돌봐주는 돌봄 공유 서비스다. 호스트가 집에서만 돌볼 것인지 산책, 털 빗겨주기 등의 서비스를 추가할 것인지에 따라 요금이 차등 적용된다. 또한 똑같이 집에서 돌보더라도 집에 애견이 즐겁게 지낼 수 있는 넓은 공간이나 장난감 등이 갖춰져 있는지 여부에 따라 요금이 달라진다. 벤처 캐피탈 달러 쉐이브 클럽 Dollar Shave Club 에서 600만 달러를 투자받아 설립되

었으며, 설립 1년 만에 1만 명 이상의 호스트를 모으는 등 빠르게 성장하고 있다.

셔틀

셔틀Shuddle 은 먼 길을 통학하는 어린이나 몸이 불편한 노인에게 운송 수단을 제공한다. 여유 시간이 있는 집은 아이들을 돌볼 시간이 없는 이웃을 대신해 아이의 등하교를 도와주기도 한다. 신경을 써야 하는 승객들을 대상으로 하는 만큼 승하차 시에 안전을 책임지는 추가 서비스도 제공한다. 승객들에게 맞는 서비스를 위해 운전자도 여성으로 제한한다. 2015년 3월 960만 달러의 투자 유치에 성공해 서비스 지역을 점차 확장할 계획이다.

소통과 놀이를 유도하는
공공 디자인

캐나다 디자인 그룹 데일리 뚜레쥬르^{Daily tous les jours}
는 콜로라도 주 그린 마운틴 폴스^{Green Mountain Falls}에서 개최되는 그린 박스
아트 페스티벌^{Green Box Arts Festival}에서 뮤지컬 조명 그네를 선보였다. 이 그네
에는 불빛이 부착된 패널이 장착되어 있으며, 많은 사람이 참여할수록 그
네에서 새로운 멜로디가 만들어지고 라이팅 쇼가 펼쳐진다. 참가자들은
그네 놀이를 통해 온몸으로 음악을 만들어내고 사람들과 소통하는 신선

작고 소박한 삶, 함께 발견하는 가치

한 경험을 할 수 있다.

　이처럼 도심 속 휴식 공간, 문화 공간에 대한 니즈가 높아지면서 공원, 광장 같은 공간들이 많이 생겨나고 있다. 지역 주민들이 공유하는 휴식 공간, 문화 공간에서 자연스럽게 소통하고 함께 놀이를 즐길 수 있도록 한다면 생활 만족도를 더욱 높일 수 있을 것이다. 사용자나 주변 환경의 변화에 반응하는 감각적 기술 요소들을 활용한다면 사람들의 주목을 끌어 자연스럽게 놀이에 참여시킬 수 있다.

핏몹

실내 스포츠 센터를 벗어나 도시 곳곳에서 그룹 피트니스를 즐길 수 있도록 해주는 핏몹Fitmob 은 모바일 앱을 통해 등록할 수 있다. 값비싼 센터보다 사람들과 함께하는 것이 운동하는 데 가장 큰 동기부여가 된다는 취지로 개발되었으며, 일주일에 약 15달러의 저렴한 비용으로 참여할 수 있다. 프로그램에 등록하면 그룹 피트니스를 이끄는 트레이너를 중심으로 모임이 형성되며, 공원, 건물 옥상, 도시 곳곳 어디든 함께 모이는 곳이 피트니스 장소가 된다. 피트니스 도구를 최소화하여 줄넘기와 같은 가볍고 저렴한 도구들만 사용하는 것이 특징이다.

핏포맘

임신과 출산을 거쳐 엄마가 된다는 것은 여성의 인생에서 가장 큰 변화 중 하나다. 자칫 신체적 정신적 건강을 챙길 여유를 잃어버릴 수도 있다. 이런 여성

들에게 핏포맘Fit4mom 은 건강한 엄마가 되는 데 도움을 주는 커뮤니티 기반 피트니스 프로그램이다. 임신 준비 여성, 임산부, 초보 엄마라는 3단계 타깃을 중심으로 운영된다. 초보 엄마와 아이가 함께하는 피트니스 프로그램 같은 경우 유모차를 앞에 두고 할 수 있는 다양한 피트니스 동작들을 가르쳐주기도 한다. 피트니스 모임을 통해서 엄마들끼리 자연스럽게 커뮤니티를 형성할 수 있도록 도와준다.

지역 커뮤니티 활성화를 목표로 동네 상점 앞에 사전
설문 결과를 바탕으로 한 간략한 정보를 스탠실 페인팅
으로 보여주었다. 주민들은 자연스럽게 상점에 관심을
갖게 되고 쉽게 정보를 얻을 수도 있게 되었다.

밀 로드 시각화 프로젝트

런던 대학교에 있는 인텔의 사물인터넷 연구소 연구 팀은 도보를 미디어
로 활용해 지역 커뮤니티를 활성화하는 프로젝트를 케임브리지의 밀 로
드 Mill Road 에서 실시했다. 밀 로드에 위치한 18개의 참가 상점에 간단한 투
표 기계를 설치한 뒤 지역 주민들에게 설문을 받아 관련 정보를 인포그래

픽으로 바꿔 점포 앞 도보에 스탠실 페인팅으로 보여주는 것이다. 인포그래픽을 위한 설문에 참여한 지역 주민들은 다시 한 번 각각의 상점들과 지역 정보에 관심을 갖게 되고, 쉽게 정보를 얻을 수 있다.

산피오의 부활

이탈리아의 항구 도시 바리^{Bari}에 있는 산피오^{San Pio}는 한때 아름다운 해안가의 경치를 자랑하는 세계적 관광지였으나 범죄율 증가와 같은 지역 문제로 퇴보하는 지역이 되어가고 있었다. 이 지역에 피그먼트 워크룸^{Pigment}

이탈리아의 항구 도시 산피오는 범죄율 증가, 슬럼화 등의 문제를 해결하기 위해 노후한 건물 외벽을 화려한 색으로 칠하고 문화적으로 관심이 집중되는 지역으로 만들었다.

Workroom 이라는 이탈리아의 아티스트들이 모여 노후한 건물 외벽을 화려한 색으로 칠하고 미학적·문화적·사회적 임팩트를 심어줌으로써 낙후된 지역을 문화적으로 관심을 끄는 지역으로 탈바꿈시켰다. 지역 주민들도 직접 참가해 아티스트들과 벽화를 함께 그리면서 새로운 가치를 발견할 수 있었다.

지속 가능한 발전을 위한
공공 서비스 디자인

세계는 경제적·문화적 균형, 사회적·환경적 가치가 조화를 이루는 방향으로 다양한 고민을 하고 있다.
디자인은 불평등을 넘어서 지속 가능한 발전으로 이끄는 중요한 열쇠가 될 것이다.

유럽연합 함부르크 트렌드 연구소의 설립자 마티아스 호르크스^{Matthias Horx}는 '신뢰'가 사회와 경제 분야에서 발생하는 거래 비용을 줄여주고, 사회를 생산적으로 만든다고 주장한다. 현대경제연구원이 분석한 사회자본 측정 지표를 살펴보면, 사회자본은 결속^{Bonding} 자본, 가교^{Bridging} 자본, 연계^{Linking} 자본으로 구성된다. 결속 자본은 가족, 친척, 친한 친구와 같은 친밀한 관계에서 발생하는 사회자본이며, 가교 자본은 덜 친밀한 관계, 연계 자본은 권력이나 돈에 의해 형성된 수직적 관계에서 발생하는 사회자본을 말한다. 한국의 사회자본 지수를 살펴보면, 가족과 친구 중심의 결속 자본이 월등히 높으며 가교 자본이 가장 부족한 것으로 나오는데, 특히 외국인과 타 종교에 대한 배려와 수용성이 부족한 것으로 분석되었다.

사회자본 구성 요소별 측정 지표

구분		측정 지표
결속 Bonding **사회자본**	가족 및 친구의 중요성 인식	가족 중요성 인식
		친구 중요성 인식
	가족 및 친구의 관계 형성	이혼 및 별거 가족 비중
가교 Bridging **사회자본**	타인에 대한 관용	이민자에 대한 이웃 인정 여부
		타 종교인에 대한 이웃 인정 여부
	단체 기입 및 활동	사적예술, 종교 단체 가입
		공적자선, 환경 단체 가입 및 기부
연계 Linking **사회자본**	정치에 대한 관심	정치 중요성 인식 여부
	정치 행위 및 기업 관련 행위	청원, 평화 시위, 보이코트

주요국 사회자본 현황

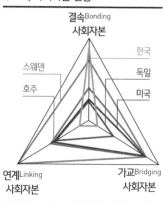

SOURCE | 불균형적으로 발달된 한국의 사회자본, 현대경제연구원, 2014. 11

불평등 문제가 심화되면서 다양성을 인정하고 격차를 해소하기 위한
사회적 움직임들이 전 세계 곳곳에서 일어나고 있다. 모두가 공평한 기회
를 얻고 지속 가능한 사회를 만들기 위해 서비스 디자인의 영역도 점차
확대되고 있다. 또한 '마켓 3.0' 시대에 어울리는 새로운 시장에 대한 고민
도 지속적으로 이루어지고 있다. 다양성을 구축하고 불평등을 해소하는
디자인 사례를 좀 더 살펴보자.

트렌드 키워드·관용, 불평등 해소, 공공 서비스

인간 사회를 둘러싼 문제들이 불평등과 연계되어 다양한 위기를 촉발하고, 불평등은 사회 구성원들과 시스템에 대한 신뢰 관계를 무너뜨려 성장과 화합의 가장 큰 걸림돌이 되고 있다. 오늘날 모든 사회와 구성원은 관용과 신뢰 사회로 나아가는 대안을 같이 모색하고 실행하지 않으면 큰 위기에 봉착할 것이라는 사실을 잘 인식하고 있다. 다가올 경제적·사회적·환경적 가치가 조화를 이루는 시대에는 이러한 가치들이 공존할 수 있는 새로운 디자인 전략이 필요하다. 모두가 공평한 기회를 얻어 지속 가능한 발전을 이룩할 수 있도록 지원해주는 서비스 디자인에 대한 깊은 고민이 필요한 시점이다.

- 미래 징후 읽기
  경제 위기와 소득 불평등, 도시화와 도시 불평등, 다양성을 인정하고 격차를 해소하는 고신뢰 사회로의 움직임, 더 나은 세상을 이끌어가기 위한 마켓의 변화
- 주요 소비자군
  사회 문제에 관심이 많은 사람
- 주요 제공 가치
  경제적·문화적 다양성을 구축하는 소비 생활 영위
- 연관 산업 및 제품군
  교육, 식품 서비스, 공공 서비스

디자인 솔루션

▶ 사회적 다양성을 경험하게 하는 디자인
▶ 일자리 불평등을 해결하는 서비스 디자인
▶ 교육 불평등을 해결하는 학습 도구 디자인

사회적 다양성을 경험하게 하는 디자인

성, 인종, 국가 등의 불평등 문제는 전 세계가 해결해야 할 가장 고질적이고 골치 아픈 문제일 것이다. 아주 오래전부터 축적되어온 역사와 민족적 정체성, 문화와 관련된 매우 민감한 부분이기 때문이다. 하지만 이런 경계를 뛰어넘어 다양성을 포용하는 것이 창의적인 기업과 도시 경쟁력, 국가 경쟁력을 구축하는 기반이 된다. 사회적 다양성을 수용하는 것은 단순히 배려 차원을 뛰어넘어 투자의 개념이 되기도 한다. 성과 인종, 국가의 구분을 떠나고 문화 공동체가 지닌 가치를 편견 없이 경험하고 드러내줄 수 있는 인간적인 디자인이 필요하다.

컨플릭트 키친

미국 펜실베이니아 주 피츠버그에 있는 테이크아웃 식당 컨플릭트 키친 Conflict Kitchen, 대립주방은 6개월마다 가게의 콘셉트와 메뉴를 바꾼다. 이 식당은 사람들의 문화적 무지함과 적개심을 파괴하는 것을 목표로 하며, 미국과 국가적 대립이나 갈등을 겪고 있는 나라를 콘셉트로 그 나라의 음식과 문화를 소개한다. 각 나라의 대표적인 패턴과 색상을 모티프로 선정하고 음식을 담는 포장지에는 실제 각국 사람들의 이야기나 의견들이 적혀 있다. 2010년부터 시작되었고 현재까지 쿠바, 이란, 아프가니스탄, 베네수엘라뿐 아니라 북한의 식문화를 소개해 화제가 되기도 했다.

페이스북 다양성

페이스북은 성 소수자들이 스스로 자신의 성 정체성을 선택할 수 있도록 성별 선택 지 폭을 넓혔다. 성별을 선택할 때 남성, 여성 외에 맞춤^{Custom} 을 선택할 수 있도록 시스템을 변경한 것이다. 또 사용자가 자신을 가리키는 인칭대명사에 대해서도 여성, 남성 외에 중성의 의미를 가진 '그들^{they, their} '을 선택할 수 있도록 했다.

일자리 불평등을 해결하는 서비스 디자인

교육 기회의 평등한 제공은 경제적 불평등을 해결하고 성장의 돌파구가 될 것이라는 영향력 있는 발표들이 이어지고 있다. 특히 하이테크를 중심으로 세계 경제가 좌우되고 있는 시대에 기술을 활용한 교육이 중요해지고 있다. 좀 더 사회적인 관점으로 기술을 적용함으로써 더 많은 사람이 기술을 활용하여 교육받고 일할 수 있도록 해주는 대안이 필요하다. 개발도상국의 산업 구조 특성상 능력을 갖추고도 제대로 된 일자리를 제공받지 못해 빈곤층으로 전락하는 세대가 늘어나고 있다. 이들에게 네트워크 기술을 활용하여 소비자와 연결해주는 새로운 개념의 비즈니스 구조를 다양하게 개발하여 확산할 필요가 있다.

텔라는 우간다 원어민과 일대일 채팅을 통해 영어를 학
습하는 서비스다. '아프리카인이 변화시키는 아프리카
(Change Africa by African)'라는 구호 아래 우간다
사람들에게 일자리를 마련해주어 가난에서 벗어날 계
기를 마련해준다.

텔라

우간다는 경제 구조가 1차 산업에 집중되어 있어, 사회 구조적으로 고학력
자들이 취업하기가 어렵다. 한국의 스타트업 텔라Tella 는 스마트폰에서 카
카오톡을 이용해 영어를 단독 공용어로 사용하는 우간다 원어민들과 일대
일로 채팅하는 서비스를 개발했다. 자체 제작한 콘텐츠와 교재를 매일 이
용자들에게 발송하고, 이용자들과 원어민 튜터tutor 들이 해당 콘텐츠를 토
대로 대화를 나누는 것이다. 단순한 기부나 원조를 통해 도와주는 것이 아
니라, 자립할 기반을 마련해주는 것이다. 수요가 높은 한국의 영어 사교육
시장을 사회적 소비와 연결해주었다는 점에서도 좋은 평가를 받고 있다.

SHE MAKES IT

'그녀가 만들다'는 전 세계 수천 명에 달하는 여성 수공예 장인들을 발굴해 일거리를 주고 빈곤을 해결하기 위한 프로젝트다. 이는 제품의 품질뿐만 아니라 브랜드 가치도 동반 상승하는 효과를 가져왔다.

그녀가 만들다(쉬 메이크 잇)

미국 고급 백화점 체인 노드스트롬^{Nordstrom} 과 시카고의 신생 기업 피스 앤 코^{Piece & Co} 가 합작하여 진행한 프로젝트 쉬 메이크 잇^{She Make It}. 노드스트롬 은 개발도상국 여성 장인들의 핸드메이드 직물로 만든 토리 버치, 커런트 엘리엇, 앨리스올리비아, 다이앤 본 퍼스텐버그, 레베카 밍코프, 어니스트 컴퍼니, 티오 리 등의 브랜드 제품들을 판매했다. 피스 앤 코는 여성에게 직업을 제공하고, 세계적 빈곤 문제를 해결하는 데 목적을 두고 있는 기업으로 현재까지 30여 국가의 수천 명에 달하는 여성 장인들을 찾아내 그들의 제품을 빈곤 퇴치에 관심 있는 브랜드들과 연계해왔다.

교육 불평등을 해결하는 학습 도구 디자인

이제 공교육에도 이러닝, 스마트 러닝이 도입되면서 기술을 활용한 교육 수단의 변화가 급물살을 탈 것으로 예측되고 있다. 가장 흔하게는 교과서에 대한 대안으로 개인 태블릿 PC를 활용하게 될 것이며 엔터테인먼트 기능이 강화되고 더욱 개인화된 교육 콘텐츠들이 교육 과정에 적용될 것이다. 이러닝의 도입에서 중요한 핵심 중 하나가 한 명의 학생도 교육 과정에서 소외되지 않고 참여할 수 있도록 개인화된 교육 기회를 제공해야 한다는 것이다. 장기적으로 학생, 학부모, 친구 등 교육에 관련된 모든 이해관계자들을 서로 연결하는 플랫폼을 구축해주는 것도 중요해질 것이다.

클래스킥

클래스킥 Classkick 은 학생들 간의 학업 성취 편차를 줄여줄 수 있게 도와주는 교사용 모바일 앱이다. 학부모와 선생님 간의 커뮤니케이션 플랫폼을 제공하여 학생들이 수업 시간에 교사에게 받지 못한 개인적인 관심과 교육을 집에서 받을 수 있게 도와주는 것을 목표로 한다. 통합 대시보드를 통

해 반 학생들이 아이패드에 풀고 있는 문제를 실시간으로 모니터링할 수 있게 만들어 신속하게 각 학생에게 필요한 방식을 지도해줄 수도 있다. 75개 나라와 미국 전역의 50개 주에서 사용되고 있으며, 2014년 앱 론칭 이후 주간 25%의 폭발적인 성장률을 보여주고 있다.

아이디어 박스

아이디어 박스Idea Box 는 미국의 국경 없는 도서관Libraries Without Borders 과 유엔 난민기구UNHCR, 그리고 디자이너 필립 스탁Philippe Starck 이 협업해서 디자인

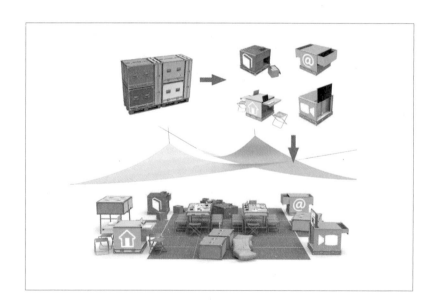

한 난민촌 아이들을 위한 이동식 도서관이다. 연결 connect 을 상징하는 노란색 박스는 공간의 중심 역할을 하는 책상으로 위성 인터넷이 연결된 태블릿 PC 15대와 노트북 4대가 들어 있다. 배움 learn 을 상징하는 오렌지 박스에는 250권의 책과 5000권의 전자책, 50대의 전자책 리더기, 위키피디아, TED와 같은 개방형 온라인 강좌, 인터넷 콘텐츠를 갖추고 있다. 창조 create 를 상징하는 녹색 박스에는 5대의 카메라와 3개의 GPS 장치, 기타 예술 및 공예 재료가 들어 있어 영화 및 동영상 제작, 공연 예술 창작 활동을 돕는다. 놀이 play 를 상징하는 파란색 박스에는 TV와 프로젝터, 접이식 스크린이 내장되어 있으며 영화와 애니메이션, 다큐멘터리를 포함한 100편의 콘텐츠를 시청할 수 있고, 다양한 오락 콘텐츠가 포함되어 있다.

아이디어 박스의 목표

1 | 교육을 통한 역량 강화
학습 과정을 강화하고 교육의 질과 아이들의 학업 발달을 향상시킬 수 있는 새로운 자원 및 특히 디지털 학습을 활용한 교육 방법 제공. 성인에게는 새로운 교육 자원에 대한 활용뿐 아니라 문맹 교육과 직업 교육 제공.

2 | 세계 난민 사회 네트워크 구축
인터넷에 대한 접근성을 제공함으로써 난민들을 다시 세상 그리고 정보와 연결될 수 있도록 하고 자유롭게 다른 사람들과 의사소통을 할 수 있도록 도움. 양질의 정보에 대한 접근은 개인과 지역사회의 역량을 강화하고 그들을 국제사회의 일원으로 복귀시킬 수 있도록 함.

3 | 스스로의 회복력과 미래에 대한 건설
난민의 삶과 지역사회를 재건하기 위한 도구상자. 이 프로젝트의 가장 중요한 목표 중 하나는 사람들에게 자신의 콘텐츠 영화, 그림, 글, 지도, 블로그 등 를 만들 수 있는 수단을 제공하고 그렇게 함으로써 지적 발달과 개인 및 집단 역량 강화를 촉진하는 것. 이는 장기간에 걸친 트라우마와 절망적인 슬픔 속에서 개인의 회복력을 구축하는 데 기여함.

SUMMARY

3장 평등하고 쾌적한 사회를 만드는 디자인 씽킹

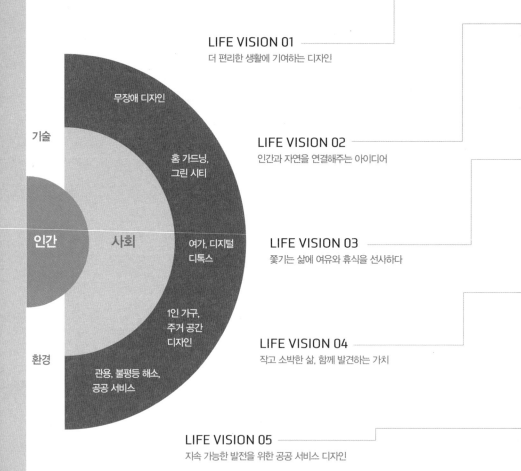

LIFE VISION 01
더 편리한 생활에 기여하는 디자인

LIFE VISION 02
인간과 자연을 연결해주는 아이디어

LIFE VISION 03
쫓기는 삶에 여유와 휴식을 선사하다

LIFE VISION 04
작고 소박한 삶, 함께 발견하는 가치

LIFE VISION 05
지속 가능한 발전을 위한 공공 서비스 디자인

기술

인간 사회

환경

무장애 디자인

홈 가드닝,
그린 시티

여가, 디지털
디톡스

1인 가구,
주거 공간
디자인

관용, 불평등 해소,
공공 서비스

DESIGN SOLUTION 01

도시인의 나이 듦과 죽음을
관리하는 디자인

주방에서도 시작되는 무장애
생활 디자인

DESIGN SOLUTION 02

쉽고 편리한 홈 가드닝을 지원
하는 디자인

자연을 감각적으로 경험하게
해주는 일상 아이템 디자인

DESIGN SOLUTION 03

도시 활동과 결합된 테라피 서
비스 디자인

디지털 중독을 치유해주는 디
자인

DESIGN SOLUTION 04

공간 부족을 해결하는 모듈형
주거 디자인

이웃과 함께하는 효율적인 공
유 경제 서비스 디자인

소통과 놀이를 유도하는 공공
디자인

DESIGN SOLUTION 05

사회적 다양성을 경험하게 하
는 디자인

일자리 불평등을 해결하는 서
비스 디자인

교육 불평등을 해결하는 학
습 도구 디자인

디자인이 중심이 되는
경제를 위하여

경북대 교수, 전자부품연구원 이사장
이장우

기술 융합과 초연결 사회의 급속한 진전으로 글로벌 경제 환경은 급격한 변화를 겪고 있다. 이와 동시에 거대한 시장과 기술력을 바탕으로 중국이 글로벌 경제의 중심에 부상하면서 한국 경제는 심각한 위기를 맞고 있다. 이것은 글로벌 환경 변화에 적합하도록 경제 구조를 대전환해야 하며 기업들이 그 선발 주자로서 근본 체질을 변혁해야 함을 의미한다. 이런 구조적 대전환기를 맞아 소프트 분야에서 핵심 역할을 하는 디자인 산업은 새로운 관점에서 분석되어야 하며 미래 경제 성장에서 차지하는 역할을 재조명할 필요가 있다.

디자인에 대한 전통적인 제1의 관점은 제품 형태 디자인으로서 시각적으로 아름다운 형태를 창조하는 것을 의미한다. 제2의 관점은 비즈니스 전략 차원으로서 디자인을 비즈니스 프로세스의 중요한 일부로 보는 관점이다. 단순히 아름다운 개별 상품을 만들어내는 것이 아니라 비즈니스 프로세스를 통해 통일되고 시각적으로 강한 인상을 줄 수 있는 비즈니스 전략을 만들어내는 것을 말한다. 예를 들어 기술과 비즈니스 전반에 걸쳐 디자인을 전략적으로 적용함으로써 새로운 가치를 창조한 애플을 들 수 있다.

디자인에 대한 제3의 관점은 디자인 개념을 사회에 기여하는 활동으로 확장시키는 것이다. 여러 사회적 문제를 풀기 위해서 다양한 정보와 데이터를 기반으로 해결책을 제안하는 데 중점을 둔다. 특히 도시 재개발, 자원의 효율적 사용, 공공 서비스 분야 등에 적용하면서 국민 삶의 질을 향상시키는 데 기여하고 있다. 예를 들어 덴마크 코펜하겐 시는 기후 변화에 대한 데이터와 교통 데이터 등을 분석해 예측 모델을 만들고 그것을 도시 디자인에 적용함으로써 모범적인 사례를 남겼다.

또 하나 고려해야 할 제4의 관점은 앞의 세 가지 관점을 국가 수준에서 통합해 국가 경쟁력을 끌어올리는 촉매로 디자인을 바라보는 것이다. 특히 창조경제에서 디자인은 감성을 기반으로 국가 혁신을 제고시키는 엔진 역할을 한다. 영국은 20여 년 전 제조업 경쟁력이 하락세를 그릴 때 디자인을 포함한 창조 산업을 전략적으로 육성함으로써 국가 창의력을 높이고 1인당 GDP 2만 달러의 벽을 14년 만에 깨고 2006년 4만 달러를 돌파했다. 특히 영국에서 디자인 산업은 창조 산업의 핵심으로서 전체 국가 GDP의 약 2.4%를 차지하며, 국가 경쟁력 제고를 위한 촉매 역할을 담당한다. 이 수치는 한국의 문화콘텐츠 산업 전체가 GDP에서 차지하는 비중[2.6%] 과 비슷하다. 뿐만 아니라 제조업이 쇠퇴한 영국의 지방 도시들은 디자인 산업을 기반으로 도시 재생에 성공한 경우가 많다. 아시아에서는 싱가포르를 주목할 필요가 있다. 싱가포르는 국가 발전을 위한 3대 핵심 전략으로 디자인 산업을 지정하고 기업들이 비즈니스 전략 및 제품 개발 과정에 디자인을 접목시킴으로써 국가 경쟁력을 확보하고자 한다.

한국의 경우로 돌아가 보자. 한국 경제는 산업화와 정보화를 넘어 창조화 단계에 진입해 있다. 여기서는 과학기술과 문화심미의 두 축이 핵심 성장 동력으로 작용한다. 첫 번째 축은 과학기술의 융합을 통해 이루어지며, 기초과학에서 응용기술, 응용기술에서 상업화로 이어져 부가가치를 창출한다. 이것은 실리콘밸리와 이스라엘의 사례에서 잘 나타난다. 두 번째 축은 문화와 미적 요인의 융합을 통해 상업화와 부가가치를 창출한다. 디자인 산업은 문화심미 축에서 중요한 역할을 한다.

디자인 산업은 문화심미 요인들의 융합을 촉진함으로써 새롭고 더 큰 가치를 창출할 수 있으며 창조경제를 발전시킨다. 예를 들면 유럽 여러 도시들의 사례에서 보듯이 제3의 관점, 즉 사회적 문제 해결의 수단으로서 디자인 산업은 정체된 지역 성장을 극복하고 지역을 창조경제로 편입시키는 기능을 한다.

세계는 지금 4차 산업혁명에 돌입해 있다. 디지털 정보통신 혁명이라 부르는 3차 산업혁명이 개별 기업, 개별 산업, 개별 국가 단위로 이루어진 반면 4차 산업혁명은 기존 컴퓨터 및 통신 기술에 로봇, 인공지능, 센서, 빅데이터, 사물인터넷 등 새로운 과학기술의 눈부신 발전과 결합해 높은 수준으로 통합된 형태로 나타난다. 따라서 새로운 비즈니스 기회와 거대 산업이 예측 불가능한 상태에서 불현듯 등장하며 드라마틱한 흥망성쇠를 연출한다.

그러나 한국의 R&D 혁신 체계는 GDP 대비 세계 최고 수준의 '양적 투입'에도 불구하고 관료적 평가 시스템과 추격형 개발 프로세스로 인해 정작 사업화 성과는 OECD 하위 수준에 머물러 있다. 이를 개혁하기 위해서는 디자인 융합을 통해 연구개발 과제의 상업화 성공률을 높일 필요가 있다. 특히 제품 개발과 비즈니스 전략 관점은 물론 사회적 문제 해결이라는 관점을 통합해 국가 경쟁력 제고를 위한 촉매로서 디자인 산업을 전략적으로 육성해야 한다. 영국과 싱가포르 사례에서 보듯이 국가 수준에서 4차 산업혁명의 새로운 기회를 획득하고 경제 구조를 업그레이드하기 위해 제4의 관점에서 디자인 산업을 활용할 필요가 있다.

한국 경제가 안고 있는 또 다른 과제는 중국 경제의 굴기에 대한 대응이다. G2로 올라선 중국 경제는 2014년 구매력 평가 지수에서 17조 6000억 달러로 미국을 누르고 세계 1위를 기록했다. 이러한 중국 경제의 굴기를 맞아 중국 경제의 성장과 중국 기업들의 경쟁력 제고는 세계 경제는 물론 중국의 직접적인 영향권에 있는 한국 경제에 커다란 환경 변수로 떠올랐다. 2014년 본격화된 신창타이^{新常態} 체제 하 중국 경제 구조의 대전환은 한국에 위기와 기회를 동시에 가져오는 '양날의 칼'로 작용하고 있다.

중국은 이미 과학기술 분야에서 우리를 압도하고 있다. 세계가 주목하고 있는 인공지능 분야에서 전 세계 발표 논문의 31.5%를 차지함으로써 압도적 1위를 차지하고 있다. 국제 과학 논문 저자들도 미국에 이어 2위를 차지하고 있으며 2018년이면 R&D 절대 투자 금액에서 세계 1위 미국을 추월할 예정이다. 과학기술만으로 중국을 상대하기란 이미 어렵게 되었다. 한국 경제의 대안은 아직 중국이 따라오지 못한 소프트 분야에 집중하는 것이다. 특히 디자인 산업은 소비재, 패션, 엔터테인먼트, 콘텐츠 등 창조 산업에 속해 있으면서 모든 분야와 융합이 가능한 기간산업 역할을 한다. 즉, 우리가 승부를 걸어야 할 소비재, 콘텐츠, 서비스 분야에서 혁신을 주도하고 촉진하는 기능을 담당할 수 있다.

앞으로 '차이나 효과로 인한 양극화 현상 China Divide'이 심화될 것이다. 2013년 3월 시진핑 주석 취임 이후 포스코, 동국제강, 현대중공업, 대우조선해양, SK이노베이션, GS 등 대표적인 한국 전통 제조기업의 기업 가치가 지속적으로 하락하고 있는 반면, 아모레퍼시픽, 하나투어, 오뚜기, 한국콜마, 호텔신라, 삼립식품 등 소비재 기업들의 주가가 급속한 성장세를 보임으로써 주가 양극화 현상이 심화되고 있다. 이러한 양극화 추세는 생활 산업과 같은 소프트 분야의 성장과 함께 새로운 기간산업으로서 디자인 산업의 중요성을 시사한다.

한국 경제는 재빠른 후발 주자에서 선발 주자로 나서야 하는 전환기에 처해 있다. 선발 주자란 '세상에 없는 새로운 가치를 만들어내 가장 먼저 새로운 시장에 진입함으로써 경쟁력을 획득하는' 성장 전략을 의미한다. 이러한 성장 전략을 성공시키기 위해 창의적 아이디어를 기반으로 신 시장을 개척해야 하며 그 과정에서 과학기술은 물론 문화심미 요인과의 융합은 필수적이다.

　그러나 현재 국내 디자인 산업은 그 중요성에 비해 매우 취약한 상태다. 연간 약 1.7조 원 수준에 불과한 디자인 시장에서 2500여 개의 디자인 전문 회사들이 과당 경쟁하고 있다. 이들은 대부분 평균 종업원 수 2~3인 수준의 소규모 영세 기업들이다. 또한 디자인 전문 회사의 수출은 전체 매출의 0.8%에 불과할 정도로 글로벌화가 미미한 수준이다. 디자인 산업 육성을 위한 획기적인 정책 대안이 필요하다. 앞으로 경제사회 전반에 걸친 디자인 수요 확대, 디자인 융합을 통한 국가 R&D 체계의 생산성 제고, 디자인 교육 훈련 시스템의 혁신 등에 실질적인 대안을 마련해야 한다.

　결국 디자인 산업은 문화, 예술, 기술, 비즈니스 등을 융합해 스스로의 경쟁력뿐만 아니라 국가 경쟁력까지 높일 수 있도록 고려되어야 한다. 또한 단순히 제품과 비즈니스 전략의 수단만이 아니라 사회적 가치를 창출할 수 있도록 그 범위를 확장할 필요가 있다. 하드웨어 중심 경제에서 중화학 공업이 기간산업이 되었듯 소프트 중심 경제에서는 새로운 기간산업으로서 디자인 산업을 전략적으로 키워야 한다.

CHAPTER
4

환경오염과 자원 결핍,
디자인에서 답을 찾다

주요 내용 미리 보기

○ **거시 전망**

▶ 자원 결핍과 자원 스트레스
▶ 생존을 위협하는 환경오염

○ **마켓 & 라이프 이슈**

▶ 결핍에 대응하고 새로운 가치를 창출하는 '물 시장'의 성장
▶ 공기 정화 시장과 안티폴루션 Anti-Pollution 제품의 성장
▶ 쓰레기 ZERO 시대를 위한 3D 프린팅 기술과 산업의 결합
▶ 제2의 도약기를 맞은 신재생 에너지 시장
▶ 햇빛 관리가 필요한 현대인들 비타민D 결핍과 자외선 차단

○ **미래 산업 키워드**

▶ 신재생 에너지, 에너지 자급자족
▶ 자원 재활용, 3D 프린팅
▶ 공기, 물 정화 제품
▶ 균형 잡힌 자원 섭취

▶ 결핍을 해결하는 디자인

◯ 라이프 비전

▶ 자원 전쟁에 대비하는 가장 강력한 무기
▶ 쓰레기 제로 시대의 3D 프린팅 기술
▶ 공기 정화 시장의 급격한 도약
▶ 자원 부족과 과잉, 그 사이의 디자인

◯ 디자인 솔루션

자원 전쟁에 대비하는
가장 강력한 무기

인류의 삶과 생존 자체를 위협하는 환경 문제를 어떻게 디자인으로 풀어나갈 것인가? 신재생 에너지,
쓰레기 제로 사회, 물과 햇빛을 활용한 아이디어 같은 사례에서 그 답을 찾을 수 있을 것이다.

4차 산업혁명의 주요 트렌드를 다룬 1장에서 살펴본 바와 같이 다국적 회계 컨설팅 기업 KPMG는 2030년 글로벌 메가트렌드로 '자원 스트레스Resource Stress'를 꼽았다. 2010년 6억 9000만 명이었던 전 세계 중산층 인구는 2030년이 되면 8억 3000만 명으로 증가할 것으로 예측되며, 이에 따라 자원 수요가 급증할 것으로 내다봤다. 특히 물 자원의 경우 수요 대비 공급이 40% 부족해질 것이다. 식자재 부족으로 음식 가격은 2010년 대비 2배 증가할 것이며, 에너지 부족, 지하자원 및 금속 자원 등 각종 자연 자원 부족에 따른 고통으로 인류의 삶이 뿌리째 위협받을 것이라고 예측했다.

중산층 인구가 집중된 도시 지역은 자원과 에너지 부족이 이미 심각한 문제로 대두되고 있다. 20세기 후반 중국을 중심으로 신흥국의 경제는 놀

라운 성장 속도를 보였다. 도시화는 물론 대량 생산 체제가 갖춰졌고, 어김없이 다량의 에너지가 필요했다. 과거 선진국들을 중심으로 약 10억 명이 전체 에너지를 사용했다면 이제는 중국과 아시아 여러 지역의 신흥국들이 포함된 전 세계 20억 명이 에너지를 나눠 사용하게 된 것이다.

에너지 수요가 확대되는 상황은 앞으로도 계속될 것이다. 에너지 가격의 급등과 급락을 두루 경험하고 있는 현재 상황에서 당분간 지속적으로 인구가 증가할 것으로 예상되는 아시아 지역은 에너지 및 식량 자원 문제가 커다란 취약점으로 작용할 것이다.

영국 BBC 퓨처^{BBC Future}에서 발표한 '지구 자원 보유량 확인'^{Global Resources Stock Check}' 표에서는 반도체나 배터리 소재로 쓰이는 안티몬^{antimon}, 터치스크린 등에 사용되는 인듐^{indium}의 사용 가능 연한을 10년 내외로 예측하고 있다. 구리도 향후 30년 정도면 고갈될 전망이며 석탄, 석유, 가스는 30~50년 정도 뒤에는 지금과 같은 사용이 불가능해질 것이라고 내다봤다.

이런 암울한 전망은 각국 정부와 글로벌 기업들이 얼마 남지 않은 자원을 확보하는 데 주력하도록 만들었을 뿐만 아니라 재생 불가능한 자원을 대체할 새로운 물질과 소재 개발에 주력하게 만들었다. 앞으로 자원을 조금이라도 더 가진 국가의 외교 경쟁력이 더 커질 것이며, 자원 부족에 시달리는 국가는 자원을 확보하기 위한 비용이 지속해서 증가할 것이다. 더군다나 개발도상국의 성장이 가속화되면 자원 확보를 위한 국가 간 경쟁은 전쟁을 야기할 정도로 심화될 수 있다.

자원 고갈에 따른 피해가 단기적으로 일부 국가가 맞닥뜨린 문제라면 환경오염에 따른 피해는 전 지구의 생존을 위협한다. 인간은 생산과 소비

과정에서 수많은 오염 물질을 만들어내고 확산시킨다. 가정에서 기업에 이르기까지 수없이 배출하는 쓰레기와 폐기물 등은 땅과 바다, 하늘을 가릴 것 없이 오염시킨다. 이런 오염 물질은 다시 생태계에 영향을 미치고 결국 건강을 위협한다.

해수면 상승, 오존층 파괴, 삼림의 사막화 같은 이슈가 국제적으로 등장하고 있긴 하지만 최근 몇 년 사이에 우리 삶을 위협하는 가장 큰 이슈는 다름 아닌 미세먼지다. 이미 지난 2013년 1월 세계보건기구는 미세먼지를 1급 발암물질로 선정했다. 〈OECD 환경전망 2050 보고서〉에서는 2050년 미세먼지 노출에 따른 조기 사망률이 전 세계적으로 2배 이상 증가할 것으로 예측했다. 국내뿐 아니라 전 세계적으로도 미세먼지가 인간의 생존을 위협하는 가장 큰 요인이라는 것이다.

실제로 미세먼지 때문에 사망에 이르는 인구의 대다수가 중국과 인도에서 나올 것이라는 예측이 나온다. 전 세계가 중국의 경제 성장뿐 아니라 환경 문제에 주목하고 있는 까닭이기도 하다. 중국의 대기 오염은 실로 심각한 수준이다. 스모그와 미세먼지를 피해 살던 곳을 버리고 떠나는 현상까지 나타나고 있다. 미국 경제 잡지 〈포춘〉은 중국의 부자 연구소 '후룬胡潤 연구원'의 조사 결과를 인용해 "스모그 문제는 중국 부유층 이민 붐의 원인 중 하나이며, 자산이 1600만 달러가 넘는 슈퍼리치 3명 가운데 1명은 이미 해외로 이주했다"고 밝혔다. 지난 2014년 대한무역투자진흥공사KOTRA는 정치·경제·사회·문화 4개 분야에서 '중국을 이해할 수 있는 50개 키워드'를 선정했는데, 대기 오염과 관련한 신조어 '마이단'과 '스모그 경제'를 언급하기도 했다. 마이단은 대기 오염으로 지불해야 하는 비용을 일컫는 말이며, 스모그 경제란 스모그가 발생한 중국 주요 도시에서 공기청정기, 공기 품질 측정기, 마스크 같은 관련 시장이 확대됨에 따라 등장한 단어다.

앞서 살펴본 2장과 3장은 각각 기술과 사회가 장기적으로 부딪칠 문제들을 어떻게 디자인적 사고로 해결해나갈 것인지 살펴보았다. 이번 4장에서는 인류의 삶과 생존 자체를 위협하는 환경 문제를 어떻게 디자인으로 풀어나갈 수 있을지 살펴볼 것이다. 신재생 에너지부터 쓰레기 제로 사회, 물과 햇빛을 활용한 아이디어 등의 사례는 디자인이 자원 결핍과 환경오염 문제를 해결하는 데 필수적인 요소임을 알고 해당 산업 분야에서의 응용 가능성을 더욱 확장해나가도록 도움을 줄 수 있을 것이다.

제2의 도약기를 맞이한
신재생 에너지 시장

이제 에너지 자급자족은 단순히 고정된 가정 공간에만 국한되지 않는다.
앞으로는 기능을 넘어 심미적 가치까지 충족시켜주는 친환경 공간 디자인 수요가 증가할 것이다.

2008년 세계 금융위기 이후 주춤했던 신재생 에너지가 다시 주목받고 있다. 국제에너지기구IEA는 2050년이면 전 세계 소비 총 전력의 60%를 신재생 에너지에 의존하게 될 것이라고 전망했다. 특히 태양 에너지가 주요 발전원으로 부상해 2050년 전 세계 발전량의 26%를 차지할 것이다. 실제로 지난 2000~2013년 사이 태양광 발전의 연간 시장 성장률은 전 세계 전력 발전 기술 중에서도 가장 빠른 증가세를 보였다.

미국 투자자문 및 자산관리 회사인 라자드Lazard는 최근 보고서에서 기존 발전원과 대체 에너지 발전원의 전력 생산 비용을 비교 분석해 2009년부터 2014년까지 풍력과 태양광 발전 비용 추이가 급감하고 있음을 발표했다. 자료에 따르면 5년 사이 풍력 발전 비용은 58%, 태양광 발전 비용은

78%나 낮아졌다. 한때 신재생 에너지 분야는 선진 산업국의 독무대였지만 21세기 들어 신흥 개발도상국의 적극적인 참여와 2010년 중국이 미국을 넘어 이 분야 투자 1위국으로 올라서면서 기술 발전과 보급을 가속화함으로써 규모의 경제 효과가 나타나고 있는 것이다.

국내 태양광 업계 또한 글로벌 시장에 안착하는 데 어느 정도 성공했다는 평가다. 국내 태양광 업계 1위 기업이자 글로벌 기업으로 도약한 한화큐셀은 지난 2014년 일본에서 2년 연속 모듈 최다 판매 기업으로 등극했고, LS산전은 일본 시장을 중심으로 태양광 사업 매출을 늘리고 있다. 바야흐로 제2의 도약기를 맞이한 신재생 에너지 시장이 어떻게 우리의 삶을 바꿀 것인지 다음 사례들을 통해서 쉽게 예측해볼 수 있을 것이다.

트렌드 키워드 · 신재생 에너지, 에너지 자급자족

신재생 에너지의 비용 효율성이 높아지면서 기존 에너지 자원을 빠른 속도로 대체해나가고 있다. 과거 친환경 건축 분야에서 주로 주목받던 신재생 에너지는 소형 전자제품, 인테리어 가구, 이동식 충전 시스템 등과 같이 생활 밀착형 제품으로까지 적용 영역이 확장되고 있다. 스마트폰, 태블릿 PC 같은 디지털 기기 사용이 보편화되면서 이제 에너지 자급자족은 단순히 고정된 가정 공간에만 국한되지 않기 때문이다. 이동 생활과 아웃도어에서의 에너지 자급자족을 지원해주는 공공시설, 생활 소품과 결합된 휴대용 발전기, 그리고 기능성을 넘어서서 심미적 가치까지 충족시켜주는 친환경 공간 디자인의 수요가 높아질 것으로 예상된다.

- 미래 징후 읽기
  자원 부족과 자원 스트레스, 제2의 도약기를 맞은 신재생 에너지 시장
- 주요 소비자군
  모바일 기기를 많이 사용하는 디지털 세대, 전기 에너지 부족 국가, 에너지 효율성과 프리미엄 가치를 중시하는 사람
- 특징 및 추구 가치
  누구나 쉽게 에너지 자급자족을 실천할 수 있는 생활환경 제공
- 연관 산업 및 제품군
  공공시설 및 아웃도어 가구, 친환경 건축, 소형 전자제품 및 생활 소품 산업

디자인 솔루션

▶ 신재생 에너지를 활용한 공공시설 디자인
▶ 사용자 편의성을 극대화한 태양 에너지 생활 소품 디자인
▶ 에너지 자급자족 시스템에 프리미엄 가치를 더해주는 주거 디자인

디자인 씽킹 & 디자인 트렌드

테슬라 에너지

전기차 부문에서 단연 선두를 달리고 있는 테슬라 모터스^{Tesla} ^{Motors} 는 주택용 태양광 발전 시설 공급 업체 솔라시티^{SolarCity} 를 운영하고 있다. 최고 경영자인 엘론 머스크는 "테슬라는 그냥 자동차 회사가 아니다. 에너지 혁신 기업이다."라고 선언하며, 2015년 4월 가정용 배터리와 기업용 배터리 제품으로 구성된 테슬라 에너지^{Tesla Energy} 를 발표했다. 현재 캘리포니아 주에 있는 월마트 11개 매장에 테슬라 배터리를 설치했으며 세계적 곡물 기업 카길^{Cargill} 도 프레즈노 공장에 테슬라의 1메가와트 시스템을 갖췄다.

신재생 에너지를 활용한 공공시설 디자인

태양 에너지를 활용해 전력을 사용하도록 유도하는 디자인들이 공공시설에 다양하게 선보이고 있다. 이런 공공 디자인은 디지털 시대를 살고 있는 현대인에게 도심 속 휴식 공간에서 무료로 전력을 사용할 수 있도록 혜택을 제공한다. 태양열 패널과 센서 기술을 접목한 벤치, 파라솔 등은 개인용 전자 기기 충전뿐만 아니라 주변 사람들과 데이터를 공유할 수 있는 기능도 함께 구현하고 있다. 여기에 실시간으로 변화하는 환경 상황 및 정보를 감지하는 센서까지 결합된다면 더욱 편리하고 스마트한 도시를 디자인할 수 있을 것이다.

수파

태양열 solar power 과 소파 sofa 의 합성어인 수파 Soofa 는 MIT 미디어 랩 출신 여성들이 차린 스타트업 기업 체인징 인바이런먼트 Changing Environment 에서 개발한 제품이다. 태양열을 모아서 다양한 전자 기기를 충전할 수 있으며, 데

파라솔처럼 생긴 테이블의 상단에 태양광 에너지 발전 장치가 내장되어 있는 스마트 테이블 시티차지. 공원을 이용하는 사람들이 원하는 장소로 옮겨서 사용할 수 있도록 만들어졌다.

이터 허브 역할까지 가능하게 디자인되었다. 벤치 내부에는 센서가 장착되어 있어 공원 주변의 공기 오염도, 소음 수준 등을 수집해 사용자에게 제공한다. 수파 웹 페이지에 접속하면 해당 지역의 환경 정보와 전자 기기의 충전 상태를 실시간으로 확인할 수 있다.

시티차지

뉴욕 맨해튼의 브라이언트 공원에 있는 시티차지^{CityCharge}는 태양열 에너지를 이용하여 스마트폰이나 태블릿 PC를 충전할 수 있는 테이블이다. 브라이언트 공원과 태양광 에너지 기업 그린배럴에너지^{Green Barrel Energy}, 가구 제조사인 랜드스케이프 폼즈^{Landscape Forms}가 함께 구현한 프로젝트로 파라솔처럼 생긴 테이블 상단에 태양광 발전 장치를 내장하여 공원을 이용하는 사람들이 편안하게 머무를 수 있도록 해준다. 테이블 하단에는 바퀴가 달려 있어서 원하는 장소로 옮겨서 사용할 수도 있다.

태양광 모래시계

태양광 모래시계^{The Solar Hourglass}는 2014년 랜드 아트 제너레이터 대회^{Land Art Generator Initiative, LAGI}라 불리는 신재생 에너지 건축 대전에서 1위를 차지한 콘셉트 디자인이다. 시민의 여가 활동 공간이면서 동시에 모래시계를 형상화한 심미적 디자인을 갖춘 태양광

러버덕에서 아이디어를 얻은 수력발전 시설 에너지덕.
몸체에 태양광 패널이 뒤덮여 있고, 수력발전 터빈과 펌
프가 내장되어 있어 효율적으로 전력을 생산한다.

발전소이기도 하다. 태양광을 이용해 시간당 7500메가와트라는 압도적인 전력 생산이 가능하다는 면에서 높은 평가를 받았다.

에너지덕

2014년 랜드 아트 제너레이터 대회에서 4위를 차지한 것은 에너지덕 Energy Duck 이었다. 전 세계인의 사랑을 받은 러버덕 Rubber Duck 에서 아이디어를 얻은 수력발전 시설 디자인이다. 상반신은 태양광 PV 패널로 뒤덮여 있으며, 하반신은 물탱크로 구성되어 있다. 몸체 안에 설치된 수력발전 터빈과 펌프로 전력을 생성한다.

사용자 편의성을 극대화한 태양 에너지 생활 소품 디자인

태양전지 패널이 작고 심플한 스타일의 외관 디자인과 휴대가 용이한 유연한 소재로 개발되어 편의성을 증진시키고 있다. 초경량, 초소형, 유연성, 내구성, 방수와 방진이 가능한 소재로 제작되며 이동하거나 아웃도어 활동 시에도 전기를 충전해 사용할 수 있도록 도와준다. 현재 다양한 생활용품에 태양전지 패널이 결합된 형태로 개발되고 있는데, 장기적으로는 휴대성을 높이면서도 충분한 전력량을 빠르게 확보할 수 있는 기술을 적용하는 것이 중요 포인트가 될 것이다.

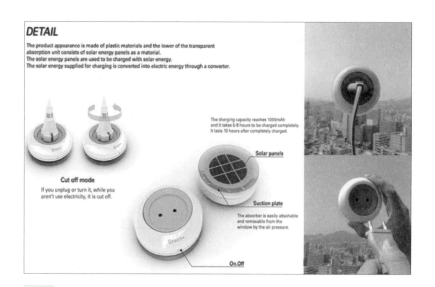

유리창에 부착해서 사용하는 휴대용 콘센트, 사용자 편
의성이 극대화된 디자인으로 각광받았다.

윈도우 소켓

태양열 에너지를 전기로 바꿔주는 휴대용 콘센트로 볕이 드는 창문 어디
든 부착할 수 있다. 한국의 디자이너 송규호, 오보아의 공동 작품이며, 사
용자의 편의성을 극대화한 디자인으로 전 세계에서 큰 관심을 받고 있다.
아직은 충전 시간이 지나치게 길다는 단점이 있어 향후 충분한 전력량을
빠르게 확보할 수 있는 기술을 적용한다면 시장에서도 좋은 반응을 이끌
어낼 것으로 전망된다.

태양전지 패널로 만들어진 솔라 페이지는 야외에서 다이어리를 펼쳐놓기만 해도 각종 디지털 기기를 충전할 수 있는 전력을 생산한다.

솔라 페이지

솔라 페이지Solar Page 는 수첩에 끼워서 사용할 수 있는 태양전지 패널로 스마트폰 및 각종 디지털 기기를 충전할 수 있도록 5W급의 충전 기능을 갖추고 있다. 일반적인 다이어리의 한 페이지 정도 크기이고 노트를 펼쳐 태양광을 충전할 수 있다. 두께가 얇아 휴대성을 높였다. 화창한 날씨에는 2.5시간이면 스마트폰을 완전히 충전할 수 있다.

굿이어가 내놓은 콘셉트 타이어. 전기차와 하이브리드
자동차 시장이 커지면서 자체 에너지를 생산하는 기술
력에 대한 관심도 급증하고 있다.

BH03

미국 타이어 제조업체 굿이어 Goodyear 는 2015 제네바 모터쇼에서 태양열로
전기차와 하이브리드카를 충전할 수 있는 콘셉트 타이어 BH03을 선보였
다. 전기차가 주차되어 있는 동안 타이어의 패치가 태양열을 흡수해 차량
을 충전해준다. 또 타이어 자체에 쿨링 시스템이 내장되어 있어 도로 주행
시에 발생되는 마찰열을 안전하게 관리해준다.

에너지 자급자족 시스템에
프리미엄 가치를 더해주는 주거 디자인

2020년 네덜란드 로테르담에는 174미터 높이의 거대한 풍차가 세워질 예정이다. 더치 윈드휠 Dutch Windwheel 이라 불리는 이 풍차는 회전하는 바퀴와 유리 프레임 속에 소음을 발생시키지 않는 윈드 터빈을 탑재하고 있다. 이 풍차는 100여 가구가 살 수 있는 아파트이기도 해서 풍력으로 에너지를 만들어내는 기능 외에도 빗물을 생활용수로 재활용하고 거주자가 배출하는 음식물 쓰레기 등을 모아 바이오 가스도 생산한다. 생활 가구 외에도 호텔, 상업 시설, 식당 등이 입주할 예정이다.

이처럼 주변 환경을 이용해 에너지 소모를 줄이거나 태양열, 풍력, 동력 에너지 등을 적극적으로 생활에 활용할 수 있도록 도와주는 건축, 가전제품 콘셉트들이 다양하게 연구되고 있다. 뿐만 아니라 감성을 자극하는 외형적 디자인이 더해져 도시 전체는 물론 각 가정들에 개성을 부여해준다.

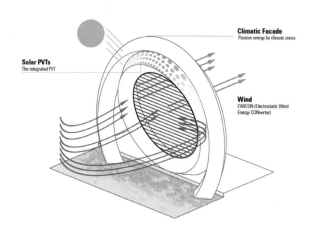

언뜻 보기엔 평범한 집 같아 보이지만 주변 환경, 계절
변화를 지능적으로 판단해 실내 환기, 물, 냉난방 등을
조절해주는 진화된 패시브 하우스다.

윈드 하우스

네덜란드의 건축 설계 사무소 유엔스튜디오^{UNStudio} 는 친환경적이고 자급

자족하는 삶을 목표로 환경과 어우러지면서도 심미적 감성을 충족시키

며, 하이테크를 적용한 윈드 하우스^{W.I.N.D. House} 를 공개했다. 특수 코팅된 유

리창은 열을 차단하고 받아들여야 할 때를 지능적으로 판단하며, 충전된

열은 내부에서 재사용되고 공기와 물, 환기 장치, 냉난방 조절 장치, 태양
열 집열판 등과 같은 전기 시스템은 중앙 거실에 설치된 토털 홈 컨트롤
패널Total Home Control Panel 로 조절할 수 있다. 이 컨트롤 패널은 자연환경과 계
절의 변화에 따라 집이 능동적으로 대처할 수 있도록 도와준다.

패시브 태양열 주택

호주의 스마트 디자인 건축 회사 아치블록스ArchiBlox 가 빅토리아 주 인버
로크에 세운 패시브 태양열 주택Inverloch Passive Solar House 은 특별한 기계 장치

없이도 태양열을 최대한 받아들일 수 있게 설계되었다. 쿨링 시스템 또한 땅 속에 있는 튜브를 통해 남쪽에서 불어오는 시원한 공기를 집 안으로 끌어들인다. 실생활이 더 많이 이루어지는 거실 및 주방 공간과 잠만 자는 침실 공간을 햇빛이 더 많이 드는 구역과 덜 드는 구역으로 분리해 설계한 것도 주목할 만하다.

파워월

파워월Powerwall은 지속 가능한 홈을 위한 에너지 저장 장치로 테슬라가 만들었다. 집 안에서는 보통 아침과 저녁에 에너지 사용량이 많아지는데, 파워월은 낮에 전기를 저장하고 필요할 때 전력을 공급해 전기 요금을 절약할 수 있다. 공간 효율을 고려해 벽걸이형으로 디자인됐다.

테슬라가 만든 에너지 저장 장치 파워월은 집 안의 에너지 사용량을 예측하고 필요할 때 공급해준다. 전기차 보급률 증가에 따라 차고에서 차량을 충전하는 용도로도 쓰이고 있다.

쓰레기 제로 시대의
3D 프린팅 기술

많이 쓰고 많이 버리는 것에 익숙해진 삶이 적게 쓰고 적게 버리는 삶으로 변화하기 위해서
디자인은 인간과 환경 사이를 이어주는 최적의 커뮤니케이션 도구가 되어야 한다.

제러미 리프킨은 《한계비용 제로 사회》에서 "3D 프린터는 저렴한 재활용 플라스틱이나 폐지 등을 원료로 자가 생산하는 시대를 가속화할 것"이라고 주장했다. 맞춤 생산 시대를 열어줄 것으로 기대되는 3D 프린팅 기술과 함께 주목받고 있는 것은 친환경 생산 방법이다. 맞춤형 생산은 자원이 투입되는 양을 사전에 조절할 수 있기 때문에 낭비를 줄일 수 있을 뿐만 아니라 재활용 소재를 적극적으로 활용할 수 있어서 해당 산업과 함께 재활용 산업을 활성화하기 때문이다. 특히 폐자재 문제가 심각한 건축업계와 생활 소비재 분야에서 이와 같은 움직임이 활발해지고 있다.

3D 프린팅 건축으로 유명한 중국의 '윈선Winsun'은 산업 폐기물을 재활용한 새로운 건축 자재로 3D 프린팅한 건물, 즉 3D 프린팅 하우스를 공

개해 큰 화제가 됐다. 해마다 16억~20억 톤 가까운 건축 폐기물이 나오지만 재활용률은 5%에 머물고 있는 중국에서 윈선은 향후 3D 프린팅 건축과 함께 중국 전역에 100여 개의 재활용 공장을 지을 계획이라고 밝혔다. 코카콜라도 3D 시스템즈3D Systems 와 파트너십을 통해 에코사이클Ekocycle 이라는 브랜드를 론칭, 플라스틱 콜라 병을 재료로 다양한 모양의 생활 제품을 생산해낼 수 있는 3D 프린터를 공개했다. 가정용 3D 프린터가 확산되려면 아직 더 많은 기술 진화가 필요하지만, 가정이나 기업에서 배출되는 쓰레기, 폐자재가 즉각적인 재생산 프로세스로 이어질 수 있게 된다면 자원 부족 시대를 극복하는 획기적인 대안이 될 것으로 전망된다.

트렌드 키워드 · 자원 재활용, 3D 프린팅

천연자원의 고갈과 부족 문제는 이미 오래전부터 제기된 문제다. 2차 산업혁명 이후 인류는 필요 이상으로 많은 자원을 소비해왔고, 자원 소비량에 버금가는 막대한 양의 쓰레기를 배출했다. 쓰레기 처리 문제는 심각한 수준에 이르렀다. 일상생활 곳곳에 내재된 소비와 낭비 습관을 개선하지 않으면 안 되는 시점이 된 것이다. 향후 몇십 년간은 많이 쓰고 많이 버리는 것에 익숙해진 사람들이 적게 쓰고 적게 버리는 소비 습관으로 전환하기 위해 불편함을 겪는 과도기가 될 것이다. 좀 더 편리하고 자연스럽게 생활 자원을 절약할 수 있도록 도와주는 생활 제품 디자인이 필요한 까닭이다.

- 미래 징후 읽기
  자원 부족과 자원 스트레스, 쓰레기 제로 시대를 위한 3D 프린팅 기술과 산업의 결합, 물 절약 정책과 물 절약 제품
- 주요 소비자군
  자원 부족 및 재활용 시설이 미비한 지역 거주자, 아이가 있는 가정 및 교육기관
- 주요 제공 가치
  편리하고 재미있게 절약하고 재활용하는 습관 지원해주기
- 연관 산업 및 제품군
  재활용 산업, 3D 프린팅 기술

디자인 솔루션

▶ 자원 소비 습관을 관리해주는 스마트 절약 시스템 디자인
▶ 즉각적인 재활용과 재생산을 도와주는 디자인

자원 소비 습관을 관리해주는
스마트 절약 시스템 디자인

사물인터넷의 영향으로 스마트 홈을 구현해주는 다양한 기술이 출시되고 있다. 사물인터넷 기술이 접목된 기기들은 주거의 편의성은 물론 에너지 효율성도 극대화하는 방향으로 진화 중이다. 많은 자원 중에서도 생활과 밀접하게 연결되어 있는 물 자원은 경제적 측면뿐 아니라 환경 문제와도 직결되어 있어 더욱 스마트한 관리가 필요하다. 수질과 수온 관리, 사용량에 대한 원격 통제가 가능하도록 연관 산업 분야가 관심을 기울여야 할 때다.

이케아는 2015 밀라노 디자인 위크에 이케아 템포러리^{IKEA Temporary} 라는 대형 팝업 전시장을 마련해 '콘셉트 키친 2025' 프로젝트를 공개했다. 프로토타입은 수납, 쓰레기, 물, 요리라는 4가지 테마를 다룬다. 특히 이 중에서 마인드풀 워터 유즈^{Mindful Water Use} 는 싱크대에서 물을 사용할 때 즉각적으로 분리 배출할 수 있도록 만든 싱크대다. 이케아는 "향후 10년 안에 물은 더더욱 귀해질 것이다. 우리는 물을 책임감 있게 사용할 필요가 있다. '의식적 디자인' 솔루션은 우리의 일상적 의사 결정을 자각하도록 만들어준다. 그리고 물을 어떻게 사용하는지 더 나은 정보를 선택할 수 있게 해준다."라고 소개했다. 마인드풀 워터 유즈는 물을 사용한 뒤 물 상태가 괜찮으면 간단한 정화 시스템을 거쳐 화분에 물 주기 등의 경로로 연결되며, 물 상태가 나쁘면 왼쪽으로 기울여 폐수 처리 시스템으로 연결되게끔 만들어진 콘셉트다.

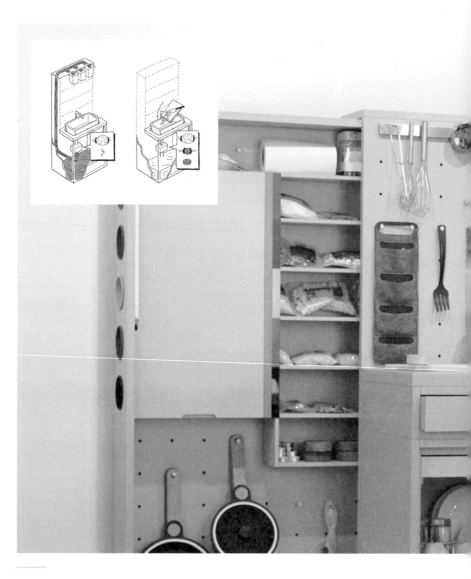

이케아의 마인드풀 워터 유즈, 물 자원의 미래를 생각하게 만드
는 콘셉트 디자인으로 사용자가 물을 좀 더 책임감 있게 사용할
수 있도록 도와준다.

에바 스마트 샤워

인디고고 펀딩을 통해 선보인 에바Eva 는 가정에서 사용하는 물의 사용량을 추적하고 아낄 수 있도록 조절해주는 스마트 샤워 디바이스다. 복잡한 설비 없이 기존 샤워기에 부착해 사용할 수 있으며 3가지 주요한 특징을 지니고 있다. 첫째, 뜨거운 물이 나올 때까지 물을 틀어놓고 흘려보내는 대신 사용과 동시에 적정 온도의 물이 나오게 함으로써 쓸데없는 물의 사용을 줄인다. 둘째, 사용자의 움직임을 파악해주는 센서를 부착해 샤워를 할 때에는 많은 물을 제공하고, 비누칠을 하거나 면도를 할 때에는 공급량을 줄여준다. 셋째, 스마트폰 앱과 연동되어 사용자의 샤워 습관을 관리해줌으로써 올바른 샤워 습관과 시간 관리를 도와준다.

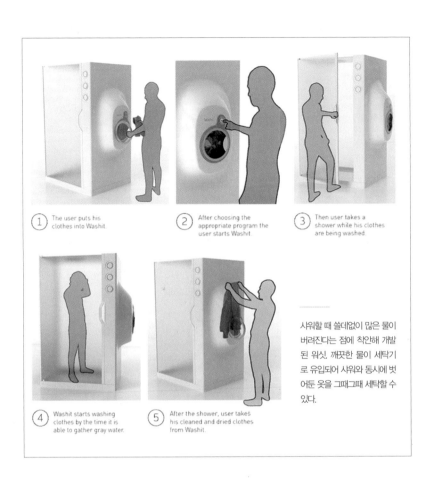

1. The user puts his clothes into Washit.

2. After choosing the appropriate program the user starts Washit.

3. Then user takes a shower while his clothes are being washed.

4. Washit starts washing clothes by the time it is able to gather gray water.

5. After the shower, user takes his cleaned and dried clothes from Washit.

샤워할 때 쓸데없이 많은 물이 버려진다는 점에 착안해 개발된 워싯. 깨끗한 물이 세탁기로 유입되어 샤워와 동시에 벗어둔 옷을 그때그때 세탁할 수 있다.

워싯

워싯Washit 은 샤워하기 전에 벗은 옷을 곧바로 세탁할 수 있게 해주는 기기다. 샤워할 때 버려지는 많은 양의 깨끗한 물이 샤워 부스와 함께 설치되어 있는 세탁기로 들어가 물을 낭비하지 않도록 해준다. 집 안에 설치할 수도 있으나 공연장, 공항, 체육관 등에서 활용도가 매우 높다.

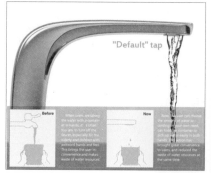
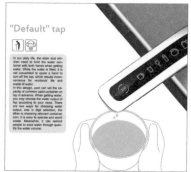

스마트 수도꼭지 디폴트 탭은 꼭 필
요한 만큼의 물만 사용할 수 있도록
디자인되었다.

디폴트 탭

물을 사용할 때 수도꼭지를 잠그거나 여는 사이에 버려지는 물의 양이
적지 않다는 점에 착안해 디자인된 스마트 절수 수도꼭지다. 디폴트 탭
"Default" Tap 은 사용자가 직접 필요한 만큼의 물을 사용할 수 있도록 도와준
다. 용량, 숫자, 용기 등의 아이콘 모양에 따라 선택할 수 있으며, 버튼을
눌러 물을 트는 방식이라 사용의 편의성도 증대된다.

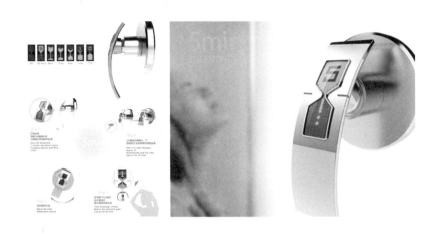

지피 샤워

지피 샤워 A Jiffy Shower 는 수도꼭지 부분에 모래시계가 나오는 디스플레이를 장착한 제품이다. 샤워할 때 사용자가 물을 얼마나 오랫동안 사용하는지 시각적으로 확인할 수 있도록 해준다. 5분 단위로 모래시계 타이머가 작동되면서 물 공급이 자동으로 멈춘다. 이로써 사용자는 물 소비에 대한 경각심을 가질 수 있고, 물 낭비를 의식적으로 줄이기 위해 신속하게 샤워하는 습관을 기를 수도 있다.

즉각적인 재활용과 재생산을 도와주는 디자인

1년에 한 사람이 소비하는 페트병은 평균 150개이며, 1년간 전 세계에서 버려지는 페트병은 750만 톤에 이른다. 가정에서 배출되는 페트병을 폴리에스테르 원단으로 탈바꿈해 사용자가 원하는 모양과 치수의 옷을 프린트할 수 있도록 해주는 페트[Pete]란 전자 기기가 등장했을 정도다. 대부분 일회용 제품 때문에 환경오염이 가중되고 있다는 사실은 인식하고 있지만 실제 사용량은 줄어들지 않고 있다. 사용량을 줄이려는 노력과 동시에 일회용 제품의 패키지를 친환경 소재로 전환하고, 재활용 가능성을 혁신적으로 높여줄 수 있는 방법을 더 적극적으로 고민해야 한다.

앞으로는 생활에서 발생하는 쓰레기를 새로운 자원으로 전환할 수 있는 기기나 시스템 개발에 좀 더 관심을 가질 필요가 있다. 3D 프린팅 기술을 자원 재활용 측면에서 진화시킨다면 가정용 자원 출력 기기의 개발도 가능할 것으로 전망된다.

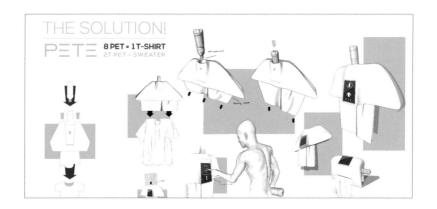

다 마신 코카콜라 병을 다양한 용도로 재활용할 수 있음을 보여준 '코카콜라 제2의 인생' 병뚜껑 키트. 이로써 코카콜라는 자신들의 브랜드 이미지에 '착함'을 더할 수 있었다.

코카콜라 제2의 인생

코카콜라는 병뚜껑 키트인 코카콜라 제2의 인생Coca-Cola 2nd Lives 을 베트남에서 선보였다. 다 마신 콜라 병을 재탄생시킨다는 콘셉트로, 이 병뚜껑으로 교체해주기만 하면 스프레이, 물총, 연필 깎기, 장난감, 비눗방울, 램프 등 16가지의 기능을 즐길 수 있다. 재활용은 물론 재미와 실용성까지 가미되어 '재미'라는 코카콜라의 브랜드 이미지에 '착함'을 더해주었다.

클레버 캡

브라질 기업 클레버 팩Clever Pack 은 레고처럼 생긴 모듈형 물병 뚜껑 클레버 캡Clever Caps 을 선보였다. 다양한 색상을 입힌 이 병뚜껑은 모아서 조립이 가능한 레고 형태의 모듈로 디자인되었다. 사용자는 병뚜껑을 모아 원하는 도구나 장난감을 만드는 식으로 재활용할 수 있다. 지구 온난화, 쓰레기 배출량 증가에 대한 대비책으로 만들어진 것이며, 환경 의식을 고양시킴과 동시에 감성적인 서비스 경험을 제공한다. 레고 조각을 모으듯이 클레버 캡이 장착된 물병을 계속 구매하도록 유도할 수도 있다.

클레버 캡은 다 마신 물병 뚜껑을 모아서 레고 처럼 만들 수 있도록 함으로써 환경 의식은 물론 재미있는 서비스 경험까지 제공한다.

식용 음식물 포장재 위키펄은 수분 손실, 화학 코팅 포
장재 등에서 자유롭고 안전한 먹거리를 즐길 수 있게
해준다.

위키펄

먹을 수 있는 포장재 위키펄^{Wikipearl} 은 천연 재료 ^{사탕수수를 짜고 남은 찌꺼기} 로 만들었
으며, 아이스크림, 치즈, 과일, 냉동 요구르트 등을 포장하는 데 쓰일 수 있
도록 개발한 제품이다. 포도나 코코넛처럼 속의 내용물을 감싸는 자연적
포장 상태에서 영감을 얻은 것이며, 수분 손실과 화학물질 노출을 막아주
는 보호 코팅의 개념이다. 파리 등지에서는 팝업 형태로 바를 오픈하기도
했다. 버려지는 자연 소재를 활용해 향과 맛을 더한 식용 패키지가 푸드
산업의 새로운 트렌드로 등장하며 그 영역을 확대시키고 있음에 주목할
필요가 있다.

공기 정화 시장의
급격한 도약

—

빠르고 광범위한 환경오염은 앞으로 공공 차원에서
물, 공기 정화 디자인 산업을 더욱 발전시킬 것이다.

중국 베이징에서 열린 2015 S/S 차이나 패션 위크에서는 '대기 오염'이라는 주제가 무대에 올랐다. 미래를 테마로 한 스포츠웨어 '치아오단 Qiaodan 컬렉션'에서는 대부분의 의상에 투명과 흑백, 필터 달린 마스크를 비롯해 방독면까지 함께 스타일링되었다. 차이나 패션 디자이너 톱 어워드 2013 우승자였던 도레이 Toray 의 리우웨이 Liu Wei 는 좀 더 심각한 방식으로 환경 문제를 경고했는데, 쇼 오프닝에서 간호사로 분장한 모델들이 마스크를 쓴 채 우산으로 피를 막고 있는 섬뜩한 광경을 선보였다.

숨 막힐 듯한 오염 속에서 이제는 오염된 환경으로부터 건강을 지키기 기 위한 아이템들이 일상의 패션 속으로 자연스럽게 흡수되고 있는 것이다. 화장품 시장에도 변화의 조짐이 일어나고 있는데, 대기 오염 물질로부

터 피부를 보호해주는 기능성 화장품이 눈에 띄게 증가하고 있다. 런던의 시장조사기관 민텔Mintel은 공해와 환경오염이 피부에 미치는 영향을 방지하는 '안티폴루션Anti-Pollution' 화장품이 증가할 것으로 전망하고 있으며, 2011~2013년 글로벌 스킨케어 마켓에서 안티폴루션 효과를 표방한 제품이 22% 증가했다고 한다.

국내에서도 '공기 오염'과 '미세먼지'에 대한 상품 관련 소셜 빅데이터를 분석한 결과, 미세먼지를 차단하기 위해 착용하는 '마스크'와 실내 공기를 정화하는 '공기청정기'가 수위를 차지한 것으로 나타났다. 이 외에도

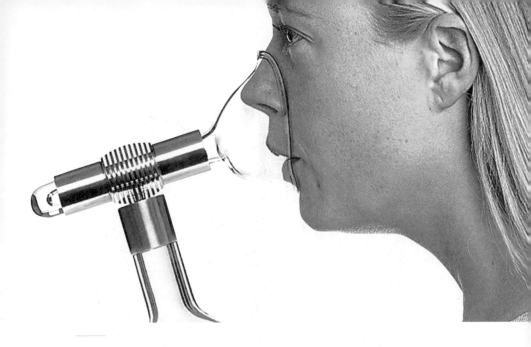

미세먼지 등과 같은 공기 오염 역시 공기청정기 시장의 폭발적인 성장을 가져올 것이다. 특히 대도시의 의료기관, 외국인이 드나드는 호텔 분야에서 두드러질 것으로 보인다.

공기오염과 연관된 상품 중 '자동차'와 '담배'가 부정적 의미에서 높은 순위에 올라 있었으며, 미세먼지 연관 상품 중 '고기'와 '차茶'는 미세먼지가 유발하는 질병을 예방하고 관리하기 위한 음식과 연관된 것으로 나타났다.

최근 몇 년 사이 국내에 미세먼지 문제가 심각하게 대두되면서 공기청정기 판매량도 덩달아 급증하고 있다. 이미 2014년 세계 공기청정기 시장은 41억 달러약 4조 4000억 원를 돌파했으며, 국가별 비중은 일본이 가장 높고 그 뒤를 중국과 미국이 바짝 쫓고 있다. 미국은 최근 호흡기 질환인 천식, 만성 폐색성 폐질환 등의 발병률이 늘어 공기청정기 수요가 증가하고 있는 것으로 조사됐으며, 특히 의료와 호텔 분야에서 공기청정기 수요가 급증할 것으로 전망하고 있다. 중국에서도 공기청정기 시장이 폭발적인 성장을 보이고 있다. 무역협회에 따르면 2013년 기준 중국 공기청정기 시장

규모는 38억 위안^{약 6500억 원}이다.

　볼보^{Volvo}는 2014년 가을 출시한 새로운 고성능 SUV XC90의 친환경성을 홍보하기 위해 스칸디나비아 반도의 신선한 공기를 주제로 한 영상과 함께 스웨덴의 공기를 직접 담은 스웨덴 공기 흡입기^{Swedish Air Inhaler}를 함께 선보이기도 했다. 차량에는 이산화탄소 배출량을 줄임과 동시에 실내 공기까지 고려한 시스템인 클린존 에어 필트레이션^{CleanZone Air Filtration}이 설치되었다. 그러나 홍보 영상에 차량은 전혀 나오지 않고, 볼보가 선사하는 스칸디나비아 반도의 자연과 신선한 공기만을 느낄 수 있도록 한 것이 인상적이다.

트렌드 키워드 · 공기, 물 정화 제품

인간이 오염시킨 자연환경이 인간의 생존을 위협한다. 이런 상태가 지속된다면 기본적으로 먹고 숨 쉬는 것조차 보장받을 수 없는 시대가 될지도 모른다. 지금 세계는 인류의 생존을 위해 오염된 자연환경을 정화하는 다양한 노력을 기울이고 있다. 특히 앞으로는 개인의 차원에서 물과 공기 정화에 대한 요구가 급증할 것으로 예측된다. 환경오염의 정도와 피해가 상대적으로 심각한 도시를 중심으로 다양한 정화 제품과 서비스를 제공해야 할 것이다. 또 도시화가 진행되고 있는 개발도상국의 경우 깨끗한 자원을 확보할 수 있도록 해주는 도시 시스템 구축이 중요해질 것이며, 이에 따라 공공 차원의 물, 공기 정화 디자인 산업이 더욱 발전할 것이다.

- 미래 징후 읽기
  생존을 위협하는 환경오염, 공기, 물 정화 시장의 성장
- 주요 소비자군
  도시 거주자, 개발도상국
- 주요 제공 가치
  안전하고 건강한 생활환경 제공
- 연관 산업 및 제품군
  공기, 물 정화 관련 제품 및 공공시설

디자인 솔루션

▶ 개인 맞춤 기능을 갖춘 웨어러블 공기 정화 디바이스 디자인
▶ 공기 정화 기능을 갖춘 도심의 공공시설 디자인
▶ 지능적이고 세밀하게 실내 공기를 관리해주는 공기청정기 디자인
▶ 편리함과 감성적 경험을 더하는 새로운 형태의 정수 필터 디자인

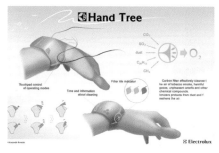

공기청정기는 웨어러블로도 진화한다. 일렉트로룩스의
핸드트리는 손목에 착용하는 것만으로 주변 공기 오염
도를 측정하고 정화해주는 기능을 가지고 있다.

개인 맞춤 기능을 갖춘
웨어러블 공기 정화 디바이스 디자인

　　　　　　　環境에 대한 관심이 높아지면서 날씨와 기후에
구애받지 않고 언제 어디서든 쾌적한 환경을 구현해주는 디자인 기기에
대한 욕구가 높아지고 있다. 대표적으로 몸에 착용하거나 가볍게 휴대할
수 있는 형태의 공기청정기가 공기 정화 시장에 새로운 아이템으로 떠오
를 것이다. 변화하는 외부 환경과 개인의 몸 상태에 따라 기능하는 환경
및 생체 모니터링 센서가 결합되어야 하며, 가볍고 스타일리시한 외관으
로 디자인되어 착용에 부담이 없도록 해야 한다. 대표적인 예로 일렉트로
룩스 디자인랩Electrolux design lab 에서 선보인 핸드트리Hand Tree 를 들 수 있다. 핸
드트리는 손목에 차고 나닐 수 있도록 디자인되었으며, 공기가 오염된 곳
에 있어도 사용자 주변의 공기를 정화해준다.

중국에서는 스모그 마스크가 필수품이 된 지 오래다. 이런 경향은 스모그 마스크의 스마트한 기능뿐만 아니라 하나의 패션처럼 스타일로 자리 잡게 만들었다.

스모그 마스크 에어

중국에서는 도시에 사는 사람들에게 스모그 마스크가 필수품으로 자리 잡은 지 오래다. 이에 따라 스타일리시한 마스크에 대한 수요도 함께 증가하고 있는데, 스모그 마스크 에어^{Air} 가 대표적인 제품이다. 에어는 미세먼지의 작은 입자까지도 감지할 수 있으며, 스마트폰 앱과 연동해 주변 공기 상태 정보를 전달해준다. 스마트폰으로 전달된 다양한 정보로 필터의 현재 상태까지 체크해서 전송할 수 있다.

얼핏 헤드셋처럼 보이지만 착용 시 사용자
가 들이마시는 공기를 정화해주는 기기다.

식스 윈드

중국 스타트업 업체가 개발한 웨어러블 공기청정기 식스 윈드 Six Wind 는 얼
핏 보면 마이크와 헤드셋이 있는 헤드폰 같지만 실제로는 사용자가 코로
들이마시는 오염된 공기를 정화해주는 기능을 한다. 가벼운 무게와 재활
용이 가능한 필터로 구성되어 있으며 산업용 센서와 무無 오존 전기집진
기술이 탑재되어 있기 때문에 바람이 많이 불 때도 99.9% 공기 정화가 가
능하다. 내장된 센서로 주변 공기 오염도가 증가하면 연동된 앱을 통해
해당 지역의 오염 지도를 확인할 수 있다.

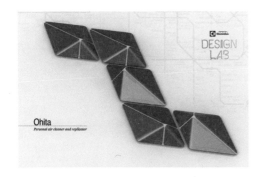

오이타

2013 일렉트로룩스 디
자인랩에서 준결승에
오른 오이타 OHITA 는 외출
할 때 하나씩 들고 나갈
수 있도록 모듈화된 공

스마트 팔찌 리스티파이는 인체에 전해지는 주변 환경
변화를 감지한 뒤 뇌에 특정 신호를 전달함으로써 덥거
나 추울 때 시원하거나 따뜻하다고 느끼도록 한다.

기청정기다. 가방이나 옷에 핀으로 고정할 수 있어서 어디서나 맑은 공기
를 마실 수 있다. 가정에서 사용할 때에는 각각의 모듈을 모아 하나의 완
성된 제품으로 사용할 수 있다.

리스티파이

'손목에 차는 에어컨'이라 불리는 스마트 팔찌 리스티파이^{Wristify}는 날씨와
환경 변화에 따라 체온을 조절해주며 자연적으로 부는 신선한 냉기와 부
드러운 온기를 자체 생성한다. 손목에 일정한 압박을 가해 맥박을 조절하
며, 피부에 전해지는 공기의 온도 및 습도를 분석해 시상 하부에 전달함
으로써 덥거나 춥다고 느껴질 때 시원하거나 따뜻한 감각을 느끼도록 유
도한다.

지능적이고 세밀하게 실내 공기를
관리해주는 공기청정기 디자인

실내 공기는 외부에서 유입되는 미세먼지를 정화하는 것만으로 해결되지 않는다. 아직은 공기청정기 한 대를 필요한 공간에 놓고 사용하는 집이 대다수지만 집 안 곳곳으로 분리가 가능한 유닛 형태의 공기청정기들을 원격으로 조정할 수 있다면 좀 더 편리하게 실내 공기를 관리할 수 있을 것이다. 또한 공기 정화와 더불어 온도나 습도 관리, 살균 등 종합적인 공기 관리 기능들을 올인원All-in-one으로 제공할 필요가 있으며, 사용자의 필요에 따라 향기를 뿌려주는 테라피 기능도 차별화 요소로 고려해볼 필요가 있다.

터키 출신의 디자이너가 선보인 콘셉트 공기청정기 로터스Lotus는 실내 바이러스, 박테리아, 곰팡이 등의 번식을 막아주는 기능을 두루 갖추고 있다. 연꽃 모양의 본체와 함께 원형 모양의 휴대용 공기 정화기 유닛 3대로

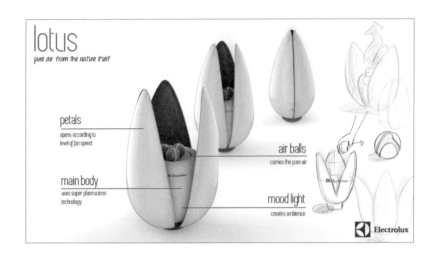

구성되어 있다. 전원을 켜면 꽃봉오리가 터지듯 열리면서 청정 기능이 작동된다. 내부에서 유닛 볼을 충전할 수 있으며, 각각 필요한 공간으로 가져가 사용할 수 있다. 공기 정화 기능, 오염과 냄새 제거 및 살균, 향수 발산, 습도 조절 등의 기능을 포함하고 있다.

에어 점퍼

집 안에서 하와이의 시원하고 상쾌한 공기와 아마존 숲의 향기를 느낄 수 있을까? 에어 점퍼Air Jumper 공기청정기는 주거 공간에서 사용할 때 필요한 공기청정 기능은 물론 사용자가 자신이 원하는 지역을 선택하면 그 지역의 기후와 자연환경을 재현해주는 방식으로 작동된다. 탁한 공기를 오염되지 않은 아마존 밀림의 자연 속에 있는 것과 같이 교체할 수 있도록 해주며 쾌적한 공기와 환경을 구현하는 기능을 가지고 있다.

에어 점퍼는 사용자가 원하는 지역을 선택
하면 그 지역의 온도와 습도 정보를 수집해
서 재현해주는 기기다.

공기 정화 기능을 갖춘 도심의 공공시설 디자인

　　미세먼지의 위험성이 심각해짐에 따라 외부 활동에 제약을 받는 날도 늘어나고 있다. 실내 공기 정화를 위한 제품과 기기들이 속속 개발되고 있지만 실내 공기 오염의 큰 원인 중 하나인 실외 공기 오염 문제를 어떻게 해결할 것인지에 대해서도 깊은 고민이 필요한 시점이다. 즉, 실내 공기를 정화해주는 제품에서 착안해 공기 정화 기능을 가진 소재 개발로 생각을 확장해나간다면 건축물이나 공공시설 디자인에 적극적으로 활용해 모두가 깨끗한 공기를 공유할 수 있을 것이다.

　　대표적인 예로 2015 밀라노 엑스포에서 이탈리아의 건축 및 도시 디자인 회사 네메시^{NEMESI}가 설계한 이탈리아관을 들 수 있다. 파빌리언^{Pavilion}이라는 이름의 이 건물 외관은 나뭇가지를 연상시키는데, 주변의 오염된 공기를 정화하는 역할을 한다. 이는 소재 전문 기업 이탈체멘티^{Italcementi}가 개발한 공기청정 시멘트 소재를 사용함으로써 가능해진 것이다. 직사광을 받으면 콘크리트 속 유효 물질이 대기 중 오염 물질을 붙잡아 불활성 소금 물질로 변환시켜 오염된 공기를 정화한다.

이탈리아의 도시 디자인 회사 네메시가 설계한 이 건축물은 나뭇가지를 연상시키는 콘크리트 외관으로 뒤덮여 있는데, 그 속에 섞인 물질이 화학 반응을 일으켜 오염된 공기를 정화해준다.

해파리를 닮은 공기 정화 기기 어반콘. 드론과 결합해
대기를 날아다니면서 자동으로 공기를 정화해준다.

어반콘

해파리를 모티프로 한 어반콘^{Urbancone}은 하늘을 날아오르면서 대기의 공기
를 정화한다. 상부에 태양광 패널이 부착되어 있어 자가 발전이 가능하고
여러 개의 날개가 상하 운동을 지속하면서 드론과 결합해 하늘을 유유히
날아다닐 수 있도록 설계되었다. 몸통에 붙어 있는 날개에는 공기를 정화
할 수 있는 여과 필터가 장착되어 있어 하늘을 날아다니기만 해도 공기를
자동으로 정화해준다.

공기 정화 자전거

태국의 디자인 회사 라이트포그 크리에이티브 앤 디자인^{Lightfog Creative & Design}
은 미세먼지와 자동차 배기가스, 스모그 등 각종 공해 물질을 깨끗한 공

기로 바꿔주는 공기청정기가 부착된 자전거를 만들었다. 자전거 프레임에 내장된 리튬과 이온 배터리로 구동되며, 핸들과 프레임 사이에 특수 장치를 부착하고 페달을 밟으면 빨려 들어간 공해 물

질이 맑은 공기로 정화되어 배출된다.

세이퍼 스모킹 헤이븐

세이퍼 스모킹 헤이븐A Safer Smoking Haven, 안전한 흡연 도피처 이라는 이름의 이 장치는 공공장소에서 흡연을 하는 사람들과 비흡연자들의 욕구를 동시에 충족시킬 수 있도록 설계되었다. 원형으로 된 상단 지붕 가장자리에서 바람

이 쏟아져 내리는 에어 도어 덕분에 담배 연기가 바깥으로 빠져나가지 못한다. 흡연자와 비흡연자 사이에 보이지 않는 막이 형성되어 있는 것이다. 어디든 이동 설치가 가능하다는 점도 큰 장점이다.

공기 정화 옥외 광고판

페루에 건설 붐이 일어나며 건설 현장이 증가함에 따라 매연과 먼지 등 공기 오염이 심각한 문제로 부각됐다. 이에 페루의 UTEC 기술 대학교에서는 공사장 한복판에 설치해 공기를 정화해주는 빌보드 Billboard, 옥외 광고판 를 개발

했다. 이 빌보드는 나무 1200그루를 심은 것과 같은 효과를 내며 주변 먼지를 빨아들여 공기를 정화해 다시 내보내는 역할을 한다.

▎편리함과 감성적 경험을 더한
▎새로운 형태의 정수 필터 디자인

지구를 멀리서 보면 파란색이다. 파란색은 모두 물이며, 지구의 70%가 넘는다. 그러나 식수로 사용할 수 있는 물의 양은 채 1%도 안 되며 전 세계 3분의 1이 식수가 부족한 상황에서 살아간다.

1%도 안 되는 식수마저 환경오염 등으로 더욱 줄어들고 있는 실정이다. 물 오염은 가난한 지역 어린아이들의 건강마저 위협한다. 기술의 발전으로 정수 필터들이 다양하게 개발되고 있기는 하지만 앞으로는 더 많은 사람들이 물 부족 상태에서 벗어날 수 있도록 실용성과 경제성을 더해야 할 것이다. 또한 좀 더 사용하기 편리하고 다른 경험을 제공해줄 수 있는 디자인의 역할도 중요하다. 여기에는 기능성 소재와 천연 소재의 적절한 결합, 전형적인 필터 형태에서 벗어난 발상의 전환이 필요하다.

카네기멜론 대학교와 버지니아 대학교의 과학자들과 엔지니어 팀이 개발하고 미국의 비영리 단체인 워터 이즈 라이프Water is Life 와 그래픽 디자이너 브라이언 가트사이드Brian Gartside 가 함께 제작한 '마실 수 있는 책Drinkable Book'은 오

염된 물과 비위생적 환경에서 비롯한 질병으로 어려움을 겪고 있는 개발도상국 사람들에게 깨끗하고 안전한 물을 마실 수 있도록 책으로 물을 정화하는 필터를 개발했다. 콜레라, 장티푸스, 대장균 등 세균을 99.9% 제거할 수 있도록 실버 나노 입자로 코팅되어 있으며 사람들에게 치명적인 질병을 제거할 수 있는 기능을 갖춘 종이를 개발, 책으로 제작해 한 장씩 쉽게 뜯어내어 사용할 수 있도록 했다. 각 페이지는 최대 60일 동안 사용이 가능하고 총 20장으로 이루어져 있으며 한 권으로 5000리터를 정수할 수 있다. 정수되는 물의 양으로 따지면 4년 동안 사용할 수 있는 양이다. 또 이 책에는 물에 대한 간단한 메시지가 식용 잉크로 인쇄되어 있어 물에 대한 소중함을 일깨워준다.

드링크퓨어

물속 박테리아는 물론 오염으로 인한 질병 및 전염병 문제를 해결해주는 휴대용 필터 드링크퓨어 DrinkPure. 드링크퓨어는 펌프나 추가 저장 공간 없이 병에 필터를 연결하면 바로 마실 수 있을 뿐 아니라 무게도 100g이 채 안 나간다. 3단계 정수 단계로 1분 정도면 물

드링크퓨어는 일반적인 생수병에 끼워서 사용
하는 정수 필터다. 작은 크기에 3단계 정수, 1분
에 1리터를 정화한다.

1리터를 정화할 수 있다. 첫 번째 단계는 프리 필터로 모래와 식물 같은
큰 입자를 걸러내며 두 번째 단계는 악취와 화학 오염 물질을 제거하고,
마지막으로 박테리아를 제거한다.

강 위의 광고판

환경보호단체 하나^{Hana} 는 필리핀 마닐라에 있는 파시그 강의 오염된 물을
정화하기 위한 프로모션을 진행했다. '곧 깨끗한 강으로 ^{Clean River Soon} '라는
메시지가 담긴, 식물로 제작한 간판을 강에 띄워놓고 사람들에게 수질 개

선에 대한 경각심과 물의 소중함을 인식시키는 방식이다. 유해 물질에 대
한 내성을 가지고 있으며 인체에 유해한 물질을 흡수해 오염 농도를 줄여
주는 베티버 ⁿᵉᵗⁱᵛᵉʳ 라는 식물을 활용했다. 수질 개선 캠페인과 강물 정화를
동시에 수행한 것이다.

자원 부족과 과잉,
그 사이에 선 디자인

물 부족에 따른 식수 문제와 함께 햇빛 부족 문제도 급부상하고 있다.
자원 부족이 건강 결핍으로 직결되는 것을 방지해주는 디자인의 필요성도 더욱 커질 것이다.

세계 물 시장 규모는 2018년 6890억 달러로 연평균 4.2% 성장할 전망이다. 2015년 이후 세계 경제의 안정세, 개발도상국의 성장세 회복과 맞물리면서 물 시장은 연평균 5%대의 빠른 성장세를 기록할 것으로 예상된다. 과거 물 산업은 사회적 자본 및 공공성 측면이 강조되었으나 '비즈니스'로 인식하는 경향이 두드러짐에 따라, 미래 핵심 산업군으로 자리매김하고 있는 것이다.

국내 생수 시장은 2014년 6000억 원에 달하는 규모로 성장했으며, 특히 성분별로 세분화된 탄산수, 알칼리수 등 다양한 기능수가 많은 관심 속에서 급격히 성장했다. 2010년 75억 원 규모였던 국내 탄산수 시장은 2013년 195억 원대로 커졌으며, 2014년은 350억 원의 규모를 훌쩍 뛰어

넘었다.

　식수와 함께 주목해야 할 또 다른 자원은 바로 햇빛이다. 현대인에게는 부족하지도 과하지도 않은 햇빛 관리가 필수다. 유럽에서는 맑은 날씨에 밖으로 나와 일광욕을 즐기는 사람들의 모습을 자주 목격할 수 있다. 흐린 날이 많은 지역적 특성과 해가 떠 있는 낮 시간 동안 실내에 머무르는 경우가 대부분인 생활 패턴을 고려해볼 때 도시인들이 따뜻한 햇살을 받을 수 있는 시간이 그리 길지 않기 때문이다. 반면 한국에서는 운동하기 좋은 봄, 가을이 되면 넓은 챙이 달린 선캡과 눈만 노출되는 마스크를 착용한 여성들이 동네 공원이나 하천 주변에서 운동하는 모습을 심심치 않게 볼 수 있다. 밖에서 조깅은 하고 싶지만 자외선으로 인한 피부 그을음, 기미와 주근깨 등은 공포의 대상인 것이다. 국내 못지않게 중국도 자외선 차단에 열을 올리고 있다.

유로모니터^{Euromonitor} 의 분석 자료에 따르면 중국의 선케어^{Sun Care} 시장 규모는 미국에 이어 세계 2위인데, 해마다 10% 안팎의 성장률을 기록하고 있다. 한국무역투자진흥공사는 "현재 중국 인터넷 쇼핑몰에서 인기 있는 한국 선케어 제품은 단순 자외선 차단제가 아닌 자외선 차단 기능이 포함된 색조 화장품과 영양 공급, 안티 에이징, 화이트닝 효과가 있는 다기능성 라인의 화장품"이라며 "이미 포화 상태인 여성 선케어 시장 외에도 수요가 급증하고 있는 남성, 유아 시장을 주목할 필요가 있다."라고 언급했다.

실제 통계상으로도 햇빛 부족으로 비타민 D가 결핍된 사람들이 증가하고 있으며, 반대로 햇빛에 과잉 노출되어 피부 질병에 시달리는 사람들도 크게 증가하고 있다. 한국에서도 비타민 D 결핍 환자가 최근 4년 사이 9배나 증가했다. 반대로 영국에서는 피부암 환자가 1970년대부터 40년 사이 5배 급증했으며, 미국에서는 피부암이 가장 빈도 높게 발생하는 암으로 자리매김했다. 이렇듯 햇빛 부족으로 발생하는 질병과 과잉 노출로 발생하는 질병이 동시에 현대인의 건강을 위협하고 있다. 지역별 특성과 개인의 라이프스타일에 맞게 일상에서 햇빛에 노출되는 양과 적절한 타이밍을 관리해줄 수 있는 제품과 서비스 개발이 필요한 시점이다.

트렌드 키워드·균형 잡힌 자원 섭취

적당한 수분 섭취와 적당한 일광욕을 통해 영양분을 생성하는 것은 건강을 위해 필수다. 건강에 해로운 다양한 음료들에 익숙한 현대인들이 적당량의 수분을 섭취하는 것은 쉬운 일이 아니다. 또 폭염과 한파가 반복되는 들쑥날쑥한 기후 환경에서 수분 관리와 자외선 관리는 더욱 중요해질 것이다. 이에 따라 물의 성분을 세분화한 기능성 생수를 개인의 건강 상태나 기호에 맞춰 다양하게 제조하고, 최적의 수분 균형 상태를 유지할 수 있도록 도와주는 제품과 서비스가 식산업과 뷰티 산업 분야에서 다양하게 등장할 것으로 예상된다. 자외선 관리 또한 개인의 피부와 건강 상태 데이터에 맞춤화된 형태로 더욱 진화될 것이다.

- 미래 징후 읽기
  수분 관리, 햇빛 관리가 필요한 현대인, 기능성 물 시장과 자외선 차단 시장의 성장
- 주요 소비자군
  실내 활동이 많은 직장인, 수분 섭취 습관 형성이 중요한 영유아, 청소년이 있는 가정
- 주요 제공 가치
  기후 변화와 신체 변화에 맞춤화된 수분 섭취와 자외선 관리 기능 제공
- 연관 산업 및 제품군
  생수, 물병, 정수기 등 식수 및 뷰티 관련 산업, 건축 및 인테리어, 패션과 전자 산업

디자인 솔루션

▶ 건강한 수분 섭취를 지원하는 디자인
▶ 스스로 자외선을 관리하는 스마트 차양 시스템 디자인

건강한 수분 섭취를
지원하는 디자인

바쁜 생활 속에서 건강을 유지하려면 올바른 수분 섭취가 필수다. 하루에 충분한 양을 흡수하는 것도 중요하지만, 몸 상태에 따라 적시에 적당한 양의 수분을 섭취하는 것이 중요하다. 이에 따라 개인에게 맞춤화된 수분 섭취 습관을 지원해주는 스마트 제품들이 다양하게 출시되고 있다. 사물인터넷, 센서 기술, 새로운 인터페이스 디자인을 접목한 스마트 물병은 실시간으로 개인의 신체 조건에 맞게 필요한 수분을 측정해주고 개인의 컨디션 데이터를 시각화해줌으로써 좀 더 정확한 수분 섭취를 돕는다. 모바일과 연계해 구체적으로 언제 물을 마셨고, 얼마나 섭취했는지 세세히 확인할 수 있어서 신체 컨디션과 수분을 정량화해 정확한 관리가 가능하도록 도와준다.

GE 어플라이언스 GE Appliance 가 선보인 미래의 집, 홈 2025 Home 2025 의 주방에는 스마트 수도꼭지 Smart Faucet 가 설치되어 있는데, 정수된 물뿐 아니

라 얼음, 탄산수, 비타민과 같은 각종 음료가 나온다. 사용자가 원하는 음료를 제조해 먹을 수도 있다. 또 수도꼭지에 내장된 수분 측정 센서^{Hydration Sensor}에 손가락을 대면 사용자의 현재 수분 정도를 알려주며 물을 얼마나 마셔야 하는지 알려준다.

부

부^{Bu}는 가수 윌아이엠^{Will.I.Am}과 알토 디자인^{Alto Design}의 협업 프로젝트로 개인의 하루 수분 섭취량을 지속적으로 측정해 올바른 습관을 형성하도록 관리해주는 물병이다. 사용자의 체중 및 하루 활동량에 맞추어 수분 섭취량을 선택해 신체에 적합하게 물을 마실 수 있도록 도와준다. 물병 하단에 내장되어 있는 조명이 물을 마시라고 신호하는 알림 기능을 한다.

애뉼러스

조깅을 하거나 격렬한 운동을
할 때 물병을 손에 들고 있기
란 여간 불편한 일이 아니다.
'고리'라는 뜻을 가진 애뉼러
스 ^{Annulus} 는 이런 불편함을 개

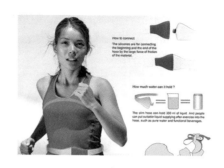

선하고자 만들어진 제품이다. 벨트처럼 허리에 찰 수 있으며 350mL 정도
의 물을 담을 수 있다. 실리콘 소재의 병뚜껑 부분이 닫힘과 동시에 벨트
부분이 연결되기 때문에 움직임에도 불편함이 없다. 아웃도어 활동의 기
능과 편의를 극대화해주는 웨어러블 물병 디자인이라 할 수 있다.

와타

와타는 달콤한 소다수에 입맛이 길들여진 아이들이 질병과 비만의 위험
에서 벗어나도록 프리미엄
오가닉 워터 브랜드인 와타
^{Wat-aah} 를 출시했다. 출시 초기
부터 아이들의 이목을 끌 수
있도록 애니메이션을 활용
한 위트 있는 그래픽으로 패
키지를 디자인했다. 주기적
으로 도시별 스트리트 아티
스트들과 협업한 리미티드

에디션 패키지를 출시하고 있으며, '물 마시기' 캠페인과 전시를 함께 열고 있다. 현재 와타는 미국 1000여 개의 공립·사립학교에 공급되고 있으며 오가닉 푸드 마켓을 포함한 5000개가 넘는 매장에서 판매되고 있다.

스스로 자외선을 관리하는 스마트 차양 시스템 디자인

블라인드, 커튼, 어닝 같은 실내 차양 시스템들이 사물인터넷과 결합해 좀 더 편리하고 쾌적해진 스마트 홈을 구현해주고 있다. 지능화된 시스템들에는 적정 실내 온도 유지, 열 손실 최소화, 태양의 조도 활용 등이 가능하도록 기능 소재와 센서 기술 적용이 필수적이다. 사용자는 스마트폰 앱을 통해 언제 어디서든지 제어할 수 있으며, 난방비와 전기료 절약은 물론 개인 취향에 맞춤화된 실내 공간을 연출할 수도 있다.

선Sunn 이라는 이름의 LED 조명은 실제 햇빛처럼 빛의 양이나 색상을 바꿔가며 재현해주는 스마트 조명이다. 실내 조명을 태양 빛과 똑같이 만들어낼 수 있다. 기상이나 취침하는 시간에 맞추어 조명의 색상, 밝기 등을 세세하게 설정할 수 있어서 자연 리듬에 가까운 생활을 영위할 수 있다. 거주하는 지역에 따라 태양의 빛 설정을 달리할 수 있기 때문에 날씨와 계절에 맞는 설정이 가능하다.

외부의 광량에 따라 어둡기가 조절되어 실내의 밝기를 일정하게 유지해주는 스마트 창호, 뷰다이내믹 글라스.

똑똑한 창문

미국 캘리포니아의 뷰다이내믹 글라스View Dynamic Glass 사는 커튼이나 블라인드 없이 자체적으로 외부의 빛 조절이 가능한 지능화된 창문A More Intelligent Window 을 선보였다. 이 창문은 전자회로와 전자 물질로 구성되어 있어 태양의 위치를 스스로 파악하고 그에 따라 창문의 색을 조절해 빛을 차단해준다. 또한 스마트폰을 통해 실내에 있는 사용자가 원하는 만큼 햇빛의 투과 정도를 조절할 수 있다.

잘루시에

스마트 블라인드 잘루시에Jalousier 는 작은 전동 박스와 같은 디바이스를 블

라인드에 부착함으로써 실내 공간의 상황과 환경에 맞춰 광량을 제어할 수 있게 해준다. 햇빛, 날씨, 시간, 온도 등 개인의 편의성에 맞추어 블라인드의 슬레이트 위치를 조절할 수 있다. 스마트폰 알람과 연동되어 기상 시간이 되면 자연광이 최대한 많이 들도록 완전히 개방된다.

코룩스

인공조명 시스템 코룩스 Coelux 는 실내 공간에서도 태양과 푸른 하늘 아래 있는 듯한 경험을 제공한다. LED 조명을 나노 기술과 특수 렌더링 시스템

인공조명 시스템 코룩스. 유리창으로 된 지붕이 아닌
공간의 성격, 활용도에 따라 다양한 태양빛을 연출한다.

으로 조정해 자연 태양광을 끌어오지 않고도 실제 태양과 푸른 하늘을 재
현해준다. 사용자의 실내 공간 활용도에 따라 빛을 조절할 수 있으며 열
대, 지중해, 북유럽의 태양빛을 선택할 수 있다는 점도 흥미롭다.

UVA+B 선프렌드

UVA+B 선프렌드 UVA+B Sunfriend 는 자외선 노출에 대한 관리와 비타민 D를 측정해 건강한 야외 활동과 일광욕을 즐길 수 있도록 관리해주는 웨어러블 디바이스다. 사용자가 자신의 피부 민감도를 미리 입력해두기만 하면 외부 활동 시 자외선에 심하게 노출되었을 때 LED 램프로 알려주는 방식이다. 사용자는 이 알람을 통해서 피부암, 자외선 과다 노출 등으로 인한 다양한 피해를 줄일 수 있으며 반대인 경우 비타민 D의 결핍도 올바르게 관리할 수 있게 된다.

선스프라이트

선스프라이트 Sunsprite 는 사용
자가 하루에 얼마만큼의 빛
을 받았는지 자외선 양과 UV
노출도를 모니터링해주는 웨
어러블 디바이스다. 제품 표

면에는 태양 전지판이 장착되어 있어 별도로 충전할 필요가 없으며, 외출
시 옷깃이나 소매, 가방 등에 간편하게 착용할 수 있도록 클립 형태로 디
자인되었다.

SUMMARY

4장 환경오염과 자원 결핍, 디자인에서 답을 찾다

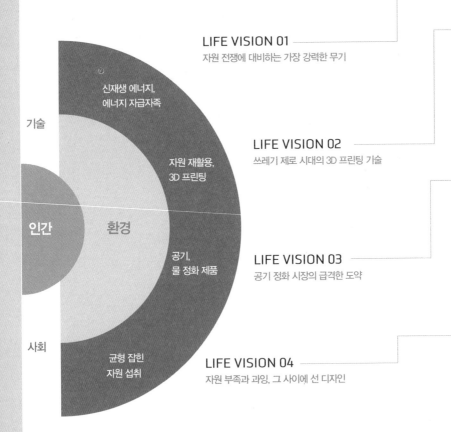

LIFE VISION 01
자원 전쟁에 대비하는 가장 강력한 무기

LIFE VISION 02
쓰레기 제로 시대의 3D 프린팅 기술

LIFE VISION 03
공기 정화 시장의 급격한 도약

LIFE VISION 04
자원 부족과 과잉, 그 사이에 선 디자인

기술

인간 환경

사회

신재생 에너지,
에너지 자급자족

자원 재활용,
3D 프린팅

공기,
물 정화 제품

균형 잡힌
자원 섭취

DESIGN SOLUTION 01

신재생 에너지를 활용한 공공
시설 디자인

사용자 편의성을 극대화한 태
양 에너지 생활 소품 디자인

에너지 자급자족 시스템에 프
리미엄 가치를 더해주는 주거
디자인

DESIGN SOLUTION 02

자원 소비 습관을 관리해주는
스마트 절약 시스템 디자인

즉각적인 재활용과 재생산을
도와주는 디자인

DESIGN SOLUTION 03

개인 맞춤 기능을 갖춘 웨어러
블 공기 정화 디바이스 디자인

지능적이고 세밀하게 실내 공
기를 관리해주는 공기청정기
디자인

공기 정화 기능을 갖춘 도심
의 공공시설 디자인

편리함과 감성적 경험을 더하
는 새로운 형태의 정수 필터
디자인

DESIGN SOLUTION 04

건강한 수분 섭취를 지원하는
디자인

스스로 자외선을 관리하는 스
마트 차양 시스템 디자인

디자인적 사고의
쓰임새를 찾아라

LG전자 이노베이션 사업 센터−LSR/UX연구소장
이철배

한국의 기업들은 과거 고도 성장기에 제조업을 기반으로 선진국에서 먼저 개발해놓은 상품들을 빠르고 효율적으로 추격하여 결국에는 선도자들을 추월하고 시장에서 우위를 점하는 방식의 성공 경험을 갖고 있다. VCR, DVD 플레이어, 평면 TV, 세탁기, 에어컨, 반도체, 자동차, 철강, 조선이 그랬다. 우리 기업들은 선진 경쟁자들이 처음 선점했던 시장을 치열하고 정교한 경쟁 분석을 통해 캐치업catch-up 할 수 있는 요소들을 찾아내는 데 몰두했다. 또한 고급 인재들은 가족들을 뒤로한 채 야근하며 주말과 휴가도 제대로 못 쓰고 엄청난 밀도의 연구개발로 선도자들을 따라잡고 추월하여 선도적 위치를 점했다.

소위 '추격경제의 추억'은 우리 산업이 패러다임을 바꾸어 '새로운 판'을 짜고 나아가는 데 걸림돌이 되는 경우가 많았다. 저성장 시대를 맞이하여 경쟁은 고도화되고 기존의 경쟁 방법으로는 아무리 열

심히 해도 업계 상위권의 절대 강자가 아니라면 제자리에 머무르거나 도태되는 경우가 많아졌다. 추가 성장을 위해서는 '다른' 방법을 구사해야만 하는 시대를 살고 있는 것이다.

대체 이 '새로운 판'과 '다른' 방식의 경쟁은 어떻게 해야 하는 것인가? 답은 경쟁자가 아닌 고객에게서 찾아야 한다. 추격경제에서 경쟁자의 움직임을 정교하게 분석하는 것이 중요했다면, 새로운 판과 다른 경쟁 조건에서는 나의 상품을 고객이 원하게 만드는 것이 가장 중요한 활동이 되어야 한다.

업계와 학계의 많은 연구들이 앞으로 고객들은 상품이 제공하는 단순한 물리적 가치보다는 감성을 충족시켜주는 상징적 가치에 더 높은 지불 의향을 갖게 될 것이라는 점을 강조하고 있다.

예를 들면 두 회사의 와인 오프너가 있다. 기획서를 보니 D사 제품은 맥주병도 딸 수 있고, 재료비가 저렴하며 생산 단가도 낮아 가격 경쟁력이 좋다. A사 제품은 재료비가 매우 높으며, D사보다 디자인이 매우 좋고 가격 또한 높다. 어떤 방향을 취해야 할까?

알레시^{Alessi}의 안나 와인 오프너는 집들이 선물로 손색이 없고 와인을 따는 용도 외에 장식용으로도 인기가 높다. 저렴하고 실용적인 다이소의 제품보다 30배나 비싼 8만 7000원이라는 높은 가격에도 세계적인 베스트셀러이다. 유사한 기능을 지녔다면 디자인이 좋은 상품이 높은 프리미엄을 받을 수 있고, 유사한 가격이라면 디자인이 좋은 상품이 선택될 가능성이 높다.

이러한 현상은 디자인이 좋은 상품은 감성을 충족시켜주어 높은 상징적 가치를 갖는 데서 기인한다. 상징적 가치의 원천으로는 디자인, 브랜드, 스토리 등이 있는데, 한 기업이 좋은 브랜드를 갖춰서 수출 경쟁력을 갖기 위해서는 엄청난 투자와 긴 시간을 요구하는 경우가 많다. 하지만 우수한 디자인 경쟁력을 갖추는 것은 역량 있는 디자이너를 고용하거나 디자인 회사의 도움을 받아서 비교적 단기간에 낮은 비용으로 이루어낼 수 있다.

그렇다면 디자인은 단순히 감성적 가치를 높이는 수단으로서의 의미만 지니고 있는 것일까? 세계적 디자인 기업 아이데오 IDEO 의 창업자 중 한 명인 데이비드 켈리는 디자인적 사고로 기업의 전반적 혁신을 이루어낼 수 있다는 점을 강조했다. 디자인적 사고는 "창조적 사고로 남들이 생각하지 못한 완전히 새로운 방식으로 문제를 다르게 풀어가는 사고"라고 할 수 있다. 디자인적 사고를 통해 인사 제도의 혁신을 이룬다든지 물류 체계를 획기적으로 효율화하고 신사업 먹거리를 발굴해내는 등, 회사 경영 활동 구석구석에 창조적 사고를 바탕으로 한 돌파구 마련이야말로 디자인적 사고의 진정한 쓰임새라 할 수 있다.

다행히도 우리나라에는 세계적 경쟁력을 갖춘 디자인 교육자, 전문 디자이너, 디자인 전략가들이 다수 포진하고 있다. 이러한 인재 인프라와 경쟁력을 바탕으로 디자인을 상징적 가치 혁신 및 제반 경영 혁신의 효율적 도구로 삼아 국내의 많은 기업들이 오늘의 저성장 추세의 어려움을 딛고 한 걸음 더 도약할 수 있기를 기원해본다.

인간 중심의 미래 사회,
기술이 묻고 디자인이 답하다

2016년 전 세계의 화두는 단연 알파고 쇼크와 인공지능, 그리고 다보스포 럼에서 대두된 4차 산업혁명이었다. 알파고와 이세돌의 경기를 지켜본 사 람들은 기계와 인간의 미래에 대해 많은 이야기를 나누기 시작했다. 게다 가 4차 산업혁명이라는 글로벌 어젠다와 맞물려 전 사회적으로 미래 산 업, 미래 먹거리에 대한 논의가 더욱 활발해졌다.

이 책을 시작하면서 우리는 현재뿐만 아니라 다가올 미래를 좀 더 인간 중심 사회로 만들기 위해 디자인적 사고가 왜 필요한지 거시적인 차원에 서 이야기를 꺼냈다. 그런 다음 기술, 사회, 환경이라는 큰 변화의 틀 속에 서 실제 사례를 다양하게 살펴보고, 트렌드 분석과 예측, 문제 해결 방법 (디자인 솔루션)과 함께 다음 세대를 이끌 유망 산업 등을 자세히 들여다 보았다. 이로써 4차 산업혁명뿐만 아니라 과학기술의 급격한 발전에서 비롯된 사회 문제, 환경 이슈 등이 디자인적 사고와 긴밀하게 연결되어 있다는 것을 증명하고 싶었다. 그 이유를 어느 정도 알아차렸다면 이 책의 목적 또한 어느 정도 달성된 것이라 생각한다.

지금 이 순간에도 세계 여러 나라, 수많은 개인과 기업들이 디자인을 통한 더 나은 사회로의 발전 가능성을 끊임없이 시험하고, 지금까지 없던 창조적 트렌드를 만들어가고 있다. 제조업이든 서비스업이든, 국가의 정책이든 사회 제도이든 간에 그것이 인간을 위한 것이라면 디자인과 디자인적 사고 없이는 구체화되기 어렵다는 사실이 이제 분명해졌다.

인스타그램, 에어비앤비, 그루폰 등 세계적 기업을 창업한 사람들이 디자이너 출신이라는 사실은 이미 널리 알려진 사실이다. 우리나라에서도 최근 디자이너 출신 벤처 창업가들의 약진이 두드러지고 있다. 하지만 그들이 디자이너 출신이라는 점이 아니라 그들이 어떤 문제를 해결하기 위해서 어떻게 다른 방식으로 생각했는가, 즉 그들의 디자인적 사고에 초점이 맞춰져야 한다.

디자인은 창의적 발상에 머무르지 않고 주어진 문제를 적극적으로 해결하기 위한 해법까지 포함한다. 이런 사례는 사실 사회적 측면에서 좀 더 두드러진다. 최근 국내에서도 디자인을 사회 문제 해결에 활용하는 사례가 늘어나고 있는데, 쓰레기가 불법 투기되는 지역에 꽃밭을 만들고, 치안이 열악한 지역에 밝은 페인트로 화사한 그림을 그리고, 음침한 지역의 가로등 조명을 컬러풀하게 바꾼 사례들은 이제 일상적 풍경이 되고 있다.

20세기 미국을 대표하는 산업 디자이너 헨리 드레이퍼스Henry Dreyfuss는 "사람들을 좀 더 행복하게 만들 수만 있다면 그 디자이너는 성공한 것이다."라고 말했다. 디자인이 인간을 사물의 객체가 아니라 주체로 만드는 것이어야 한다는 그의 철학은 4차 산업혁명이 본격적으로 꿈틀대기 시작하는 오늘날에 더욱 유효하다. 인공지능, 스마트 시티, 신재생 에너지, 바이오산업 등과 같은 미래 유망 산업을 고민하는 이들이 가장 먼저 생활의 편리성을, 일상의 행복을, 그리고 무엇보다 인간다운 삶을 고민해야 하는 까닭이다.

이 책에서 제시한 사례들은 최근 몇 년을 전후해 세계 곳곳에서 두각을 보인 디자인적 사고의 흐름과 산업계 동향을 한국디자인진흥원이 조사하고 정리, 분석한 것이다. 하지만 디자인이 우리 삶에 제공할 수 있는 소중한 가치들과 그 중요성은 향후 수십 년간 진행될 4차 산업혁명의 스타트라인을 끊고 우리 사회가 더욱 인간 중심 사회로 발전해나가기 위해 반드시 기억해야 할 주제이다.

누군가는 이 책을 새로운 사업 아이디어를 떠올리는 데 참고할 수 있을 것이며, 누군가는 현재 하고 있는 일에 어떤 방식으로 디자인을 결합시킬지 결정적 힌트를 얻을 수도 있을 것이다. 어떤 방식이 됐든, 이 책이 더 많은 누군가에게 발상 전환의 계기를 마련해주고, 4차 산업혁명의 스타트라인에 서서 미래를 준비하는 이들에게 신선한 활력을 불어넣어주기를 바란다.